Othmar Franz Lang
Rufe in den Wind

D1930694

Diese Geschichte ist nicht erfunden. Sie ist auch nicht einmalig. Ähnlichkeiten mit lebenden oder toten Personen sind jedoch nicht beabsichtigt und daher rein zufällig.

Othmar Franz Lang, 1921 in Wien geboren, wuchs in einer Dienstwohnung des Wiener Jugendgerichts und -gefängnisses auf; schon als Kleinkind begegnete er daher sozialen Jugendproblemen. Nach dem Krieg war er Dramaturg an einem Theater und Redakteur einer Jugendzeitschrift. Seit 1953 ist Othmar Franz Lang freier Schriftsteller. Er ist Autor vieler Jugendbücher und Romane, die in zehn Sprachen übersetzt wurden.
Othmar Franz Lang erhielt den Sonderpreis zum Deutschen Jugendbuchpreis, den Jugendbuchpreis der Stadt Wien und den Österreichischen Staatspreis für Jugendliteratur. Auch stand sein Name auf der Ehrenliste des Hans-Christian-Andersen-Preises.
Einige Titel des Autors: ›Wenn du verstummst, werde ich sprechen‹, ›Warum zeigst du der Welt das Licht?‹, dtv pocket 7806, ›Meine Spur löscht der Fluß‹, ›Ein Baum hat viele Blätter‹, ›Geh nicht nach Gorom-Gorom‹, dtv pocket 7844, › Perlhuhn und Geier‹, dtv pocket 7872, ›Mord in Padua‹ und ›Angelo. Eine nicht alltägliche Familiengeschichte‹.
Bücher des Autors bei dtv junior: siehe Seite 4

Othmar Franz Lang

Rufe in den Wind

Deutscher
Taschenbuch
Verlag

Von Othmar Franz Lang sind außerdem bei dtv junior lieferbar:
Warum zeigst du der Welt das Licht?, dtv pocket, Band 7806
Geh nicht nach Gorom-Gorom, dtv pocket, Band 7844
Perlhuhn und Geier, Band 7872

Ungekürzte Ausgabe
1. Auflage Januar 1983
5. Auflage Januar 1988: 31. bis 36. Tausend
Deutscher Taschenbuch Verlag GmbH & Co. KG, München
© 1979 Benziger-Edition im Arena-Verlag, Würzburg
ISBN 3-545-33081-8
Umschlaggestaltung: Celestino Piatti
Umschlagbild: Heidrun Gschwind
Gesetzt aus der Garamond 10/11
Gesamtherstellung: Ebner Ulm
Printed in Germany · ISBN 3-423-07829-4

Auf der Suche I

Jürgen fand, daß es wohl das beste sei, zunächst die Straße vom Bahnhof stadteinwärts zu gehen und nicht gleich am Bahnhof zu fragen.

Dann merken sie gleich, daß du eben angekommen bist. Und wenn sie dich dann suchen und dein Bild im Fernsehen zeigen, haben sie dich sofort. Besser erst einmal in der Menge untertauchen und sich unauffällig verhalten. Je mehr Menschen ihn sehen konnten, um so weniger würden sich an ihn erinnern.

Als er von der Bahnhofstraße rechts einbog, war er unversehens im Fußgängerviertel. Er hätte nie gedacht, daß in einer so kleinen Stadt sich derart viele Menschen im Fußgängerviertel drängen würden. Jürgen ließ sich mehr oder weniger schieben. Er wollte nichts übereilen. Er war da, wo er hinwollte, und wußte die genaue Adresse. Sie hörte sich an, als wäre sie weiter draußen. »Am Wäldchen«, Nummer 14. Sicherlich eine piekfeine Anschrift.

Jürgen hielt an, weil vor ihm viele Leute standen. Sie guckten alle in ein Schaufenster. Und manchmal lachten sie auf. Es war das Schaufenster der »Alten Ratsapotheke«. Jürgen konnte sich nicht vorstellen, was es da zu lachen gab. Als er endlich weiter nach vorne kam, sah er es. Mäuse waren es. Weiße Mäuse mit grauen Flecken, und auf einem Schildchen stand *Japanische Tanzmäuschen.* Sie rannten wie die Irren um ein kleines Sperrholzhäuschen, manchmal verschwand eins blitzschnell in der Tür des Häuschens und kam ebenso schnell wieder aus einem runden Fenster heraus. Dort stieß es meist mit einer anderen Maus, die außen herumgerannt war, zusammen. Dann lachten die Leute.

Auch Jürgen lachte.

Dann trat ihm jemand auf den Fuß, und das war gar nicht zum Lachen.

»Hej«, rief er, »kannst du nicht achtgeben? Das sind

meine besten Schuhe!« Erst nachher merkte er, daß es ein Mädchen war.

»Mach dich nicht pampig«, sagte sie. »Entschuldige, aber die haben mich an dich rangedrängt.«

Er hörte gleich an ihrer Stimme, daß sie daheim nicht so sprach, weil es ihre Eltern nicht erlaubten. So redete sie sicherlich nur in der Schule. Wenn sie überhaupt je mit Jungen redete.

»Entschuldige«, sagte er, »ich dachte, du wärst . . .«

»Oh, sind die niedlich!« rief das Mädchen, das erst jetzt die Tanzmäuschen sah, und gleich darauf fragte sie: »Was dachtest du?«

»Ich dachte, es wäre der Junge hinter dir gewesen.«

»Wo?« fragte sie und sah sich um.

»Er ist schon weg«, log er.

Sie hatte frischgewaschenes Haar, und das Haar roch noch immer nach Shampoo. Nicht so wie Gertis Haar, das immer ein bißchen nach Zwiebeln roch oder nach Sauerkraut oder nach Bohnerwachs. Er überlegte, ob er sie fragen sollte, wo »Am Wäldchen« sei. Aber er verkniff sich die Frage. Vielleicht sah er irgendwo einen Stadtplan und mußte niemand fragen.

»Tschüs«, sagte er und ging weiter. Er hatte Hunger. Und es war ein naßkalter, diesiger Tag, der verstärkte das Hungergefühl. Er aß nicht ungern bei blauem Himmel und Sonnenschein, aber bei solchem Wetter wie heute da war's ihm, als drehe ihm einer mit roher Hand den Magen um. Es ging auf zwei zu, und da hatte er sonst längst gegessen. Es gab einiges auszusetzen am »Heim«, aber pünktlich waren sie, das mußte man ihnen lassen. Pünktlich mit dem Wecken, dem Essen und mit dem Schlafengehen. Er dachte, daß es heute sicherlich wieder irgendeine dicke Gemüsesuppe und dann gebackenen Fisch und einen ordentlichen Schlag Kartoffelsalat mit Remouladensauce gegeben hatte. Wer wollte, konnte noch rote Bete haben oder Krautsalat, vielleicht sogar Endivien.

Der Duft einer Rindssuppe stieg ihm in die Nase. Einer

guten, kräftigen Bouillon, wie sie Frau Wenz zwei-, dreimal auf den Tisch gebracht hatte. Suppe, in der Markscheibchen schwammen und grüne Petersilie. Jürgen krümmte sich ein wenig zusammen, so plagte ihn der Hunger. Aber das war ein zu teures Restaurant für ihn. Man roch es, und im übrigen sah er es auch an den Preisen auf der Speisekarte.

Das Fleisch brieten sie bestimmt in Butter, auch wie Frau Wenz. Und jetzt spürte er nicht nur Hunger, sondern die warme, rote Welle von Zorn, die in ihm aufstieg, die dicke, schwarzsamtene Wut, wenn er sich an sie erinnerte. An sie, dieses Aas. »Verdammtes Aas!« murmelte er. Nein, sie sollte kein Glück mehr haben, das ganze Leben nicht. Kein Glück und keine Kinder, ganz gleich ob eigene oder fremde. Nicht einmal einen Hund hatte sie verdient. Und der anderen Frau, Frau Güters, mit ihrem Mann und ihren schafgesichtigen Töchtern wünschte er noch Schlimmeres.

Güters. Liane und Emil Güters, mit den Töchtern Petronilla und Clarissa. Am Wäldchen, Nummer 14.

Jürgen fand sich in einer Passage wieder, wie er auf eine kleine, im Kreis fahrende Modelleisenbahn starrte. Sie drehte ihre Runden ohne Halt wie vorher die Tanzmäuschen. Nur wirkte sie nicht so lustig.

›Du mußt ganz cool bleiben‹, sagte er sich, ›nur dann wird es gelingen. Immer mit der Ruhe, und Thomas darf nichts geschehen.‹

Auch die Eisenbahn erinnerte ihn an jemanden. An Herrn Wenz, Architekt von Beruf, den Mann, der ihm einen ganzen Hobbyraum voll Eisenbahnen versprochen hatte und mehr natürlich. Und dann hat er stumm und feig hinter seiner Frau gestanden. Und hatte nicht gewagt, Jürgen ins Gesicht zu sehen.

»Na? Bist du überhaupt da?«

Jürgen zuckte zusammen.

Es war das Mädchen von vorhin. Das Mädchen von den Tanzmäuschen und mit dem duftenden Haar.

»Hallo!« sagte er und tat superforsch.

»An etwas Schönes hast du gerade nicht gedacht«, stellte sie fest. »Du hast ein Gesicht wie Mord und Totschlag gemacht.«

»War weiter nichts«, sagte er. »Hab nur an 'ne miese Type gedacht. Viel Versprechungen und nichts dahinter.«

Er ging weiter. Die Hände in den Taschen des Parkas, den Rücken ein bißchen gekrümmt, damit er nicht so groß wirkte. Er wußte, er sollte sich das Haar kämmen und eventuell die Nase putzen. Aber er erledigte beides ohne Kamm und Taschentuch. Er machte eine schnelle Kopfbewegung, damit ihm das Haar nicht so runterhing, und er schniefte ein bißchen den Rotz hoch. Und als er noch einmal schniefte, da roch er eine erste zarte Andeutung von gebackenem Seefisch. Wenn das so ein Fischladen war, wo man ein Stück gebackenen Kabeljau auf einem Pappteller bekam und dazu eine Plastikgabel und ordentlich Kartoffelsalat und Remoulade, dann würde er reingehen. Das feine Restaurant vorhin, das war nichts für ihn, und ebensowenig mochte er irgendeine billige Kneipe, wo vielleicht Knastbrüder saßen und neuen Stuß ausheckten.

Sein Vater hatte ihn öfter in solche Lokale gebracht, wenn er ihm was Gutes tun wollte. »Junge iß«, hatte er gesagt. »Du kannst dir aussuchen, was du willst und soviel du willst. Iß Fleisch, mein Junge, das gibt Kraft und hier, Gehirnschmalz gibt es auch. Und wenn du'n Bier haben willst, dann sag' es. Ein kühles Blondes mit Stehkragen, das nur so zischt, wenn du's runterfahren läßt. Von mir aus auch 'nen Korn. Du weißt, ich bin dein Vater, und ich schau' auf dich. Ich denk' immer an dich, glaub' mir das, auch wenn ich gerade mal wieder in Nicagarua – oder wie dieses beschissene Land heißt – auf Montage bin . . .«

Da war das Fischgeschäft. Ein prima Laden, Rotbarsch und Kabeljaufilets in zerstoßenem Eis im Schaufenster, Zitronenscheibchen und Petersilie darüber, richtig appetitlich. Und daneben geräucherte Fische, Schillerlocken, Heilbutt in Stücken, Bücklinge, Makrelen. Einen seltsam zornigen Blick hatten sie, diese Makrelen. Und die Mundwinkel so eigenartig heruntergezogen. Irgendwie erinnerten sie ihn an Frau Güters. Damals, als sie ihn angeschrien hatte, daß er seinen Bruder gar nicht liebe und sich nur interessant machen wolle mit seinem hysterischen Gejammer.

Er fuhr zusammen, als die Verkäuferin fragte: »Und du, junger Mann?«

»Ich?« fragte er erschrocken. »Kabeljau und Kartoffelsalat.« Seine Zähne standen im Wasser.

»Wie groß das Stück?«

»Ein halbes Pfund etwa.«

Die Verkäuferin, eine ältere Frau, deutete mit einer zweizinkigen Gabel auf verschiedene goldbraune Stücke.

»Das da«, sagte er. »Gibt's auch Remoulade?«

»Ein ganzes Schüsselchen, junger Mann.«

Er leckte sich die Lippen.

Die Frau gab ihm eine doppelte Portion Kartoffelsalat.

»Oh«, sagte er, als er es merkte. Und dann zahlte er und suchte sich ein Tischchen, möglichst an der Wand, ein Stehpult, an das er sich stellen konnte.

Es war ein guter Platz. Keiner konnte ihm gegenüberstehen und sich sein Gesicht einprägen. Sein Gegenüber war eine weißgekachelte Wand. Und auf den Kacheln hing ein orangerotes Plakat. Eine Theatergruppe gastierte in der Stadt und spielte ein Lustspiel: ›Der neue Kammerdiener‹. »In der Hauptrolle«, las er, »bekannt von Funk, Film und Fernsehen, Thomas Bernrieder.«

Er kannte den Lackaffen, aber das war es nicht. »Thomas« stand da. »Thomas« wie Thomas eben. »Thomas« wie sein Bruder Thomas.

»Jetzt denkst du wohl, ich lauf' dir nach«, sagte da das Mädchen. Das Mädchen von den Tanzmäuschen und der Modelleisenbahn. Sie stellte ihren Pappteller neben den seinen, genau gesagt, links von ihm.

»Nein«, sagte er, »warum sollst du mir nachlaufen?«

Sie lachte, und ihre Zähne sahen aus, als ob sie künstlich

wären, so ebenmäßig und weiß und frisch geputzt, als käme sie gerade von der Schulzahnklinik oder so.

»Es gibt eben solche Zufälle.« Sein Blick nagelte sich an ihren Zähnen fest, bis sie es merkte und schnell ein Stück Fisch in den Mund steckte. »Mhm«, machte sie. »Prima!«

»Bist du von hier?« fragte sie später.

»Nein, nicht direkt. Ein paar Stationen weiter.«

Sie mußte nicht wissen, daß er zwei Stunden mit dem D-Zug gefahren war.

»Muß hier nur was erledigen«, sagte er. »Aber die guten Leute sind jetzt noch nicht zu Hause. Wohnen ›Am Wäldchen‹, kennst du das?«

»Da gehst du immer geradeaus, dann kommt eine große Ampelanlage, da gehst du links den Hang hinauf bis zur Tankstelle und hinter der Tankstelle nach rechts.«

»O.K., kapiert«, sagte er. »Ampel links, Tankstelle rechts.« Er kratzte mit der Plastikgabel die Remouladenreste und die letzten fetten Bröselchen von der durchtränkten Pappe, nickte lässig der Kleinen zu, bloß nicht zeigen, daß sie dir gefällt, sagte »tschüs« und ging hinaus.

»Verdammt«, knurrte er draußen, denn es hatte zu regnen begonnen. So ein leichter Nieselregen, der einen bis auf die Haut durchnäßte, wenn man nur lange genug draußen war.

Familie Wenz

Die Sonne stand so tief, daß Jürgen und Thomas sie durch die Windschutzscheibe sehen konnten, obwohl sie hinten im Wagen saßen. Glutrot sank sie auf den schwarzen Saum des Waldes herab. Jürgen spürte, daß Thomas müde wurde, sich immer schwerer gegen ihn lehnte. Endlich schlief sein kleiner Bruder.

Frau Wenz drehte sich um und fand, daß Thomas entzückend aussähe, wenn er schlafe. Nicht wahr? Die frische Luft, fand sie, die frische Luft habe ihn müde gemacht. Und leider seien sie beide etwas bleich.

»Das wird sich ändern«, fand Herr Wenz. »Laß sie erst mal bei uns sein, Maus, dann können die beiden Sonne tanken, soviel sie wollen. Dann sind sie bestimmt nicht mehr bleich.«

Jürgen spürte wieder diese bewußte Woge. Er hatte es mal im Fernsehen oder wo gesehen. Die Woge kam auf ihn zu, und er stand auf einem schwankenden Brett, und die Woge trug ihn hoch hinauf, an den Rand des Himmels . . .

Thomas murmelte etwas im Schlaf, räkelte sich zurecht und lehnte sich noch fester gegen ihn. Jürgen fand es schön, daß er einen Bruder hatte, der überall mit dabei war. Auch beim Ehepaar Wenz. Und beim Einschlafen in ihrem Zimmer. Sie lagen mit den Köpfen zueinander, nicht mit den Füßen. Da konnten sie dann noch über alles mögliche sprechen. Flüsternd natürlich. Was sie so erlebt hatten und was sie geärgert hatte, und wen sie mal ordentlich verdreschen würden. Es gab Hunderte von Möglichkeiten. Und Jürgen machte es gar nichts aus, daß alle sagten: »Ach, was ist Thomas nur für ein netter Junge. Diese blonden Locken und diese blauen Augen!«

Thomas schmatzte ein paarmal, als hätte er einen Schnuller im Mund. Er wurde schwer wie ein Stein.

»Ja«, sagte Wenz, »ich werde das gleich morgen mit

dem Baumeister besprechen, weißt du, Maus? Das mit der Mansarde. Das werden ganz tolle Räume da oben für euch zwei. Nur das eine sag' ich dir schon jetzt, Jürgen, wenn ich zu tun habe, muß es ruhig im Haus sein. Nicht, daß ihr mir dann wie die Irren herumtrampelt.«

»Klar werden wir ruhig sein«, sagte Jürgen. Natürlich, das war doch selbstverständlich. Mucksmäuschenstill würden sie sein, wenn sie beide erst mal da oben in der Mansarde hausten.

»Kannst du dir vorstellen, wie das werden wird?«

»Ungefähr schon«, sagte Jürgen. Ihm wurde heiß. Natürlich konnte er sich das vorstellen. Im Wagen wurden sie zur Schule gebracht, er und Thomas, und dann wurden sie wieder abgeholt. Und vielleicht saßen sie dann auf der Terrasse zum Mittagessen. Und wenn es regnete, saßen sie im schönen Eßzimmer, und sie hatten Teller aus teurem Porzellan und Bestecke, die mindestens versilbert waren. An Feiertagen waren sie dann aus purem Silber. So konnte er sich das vorstellen. Er und Thomas. Und kein Werner mehr, mit dieser verrückten Angst vor seinem Vater. Werner wäre dann nicht mehr dabei. Und Werner würde nicht jeden Abend Stühle und Tische vor die Tür stellen, die Rückenlehne des Stuhls unter die Türklinke, damit sein Vater nicht herein konnte. Werners Vater hatte Werner so geprügelt, daß er jetzt noch Narben hatte. Und seine Nase war auch etwas schief, das kam von einem gebrochenen Nasenbein . . .

»Du bist auch müde«, sagte Frau Wenz zu Jürgen. »Deine Augen sind ganz klein.«

»Schon möglich«, sagte er und drehte seine Bademütze in der Hand.

»Das ist die frische Luft an der See. Die Sonne, der Wind und das Meer, das macht müde. Die Jungen waren ja eine lange Zeit im Wasser, und dann das Spielen im Sand . . .« Herr Wenz lachte schallend.

»Gib nur zu, daß du auch müde bist«, redete Frau Wenz weiter. »Man sieht es an deinen Augen. Sie werden immer kleiner.« Sie verzog den Mund, sie spitzte die Lippen, als wolle sie ihm einen Kuß durch die Luft schicken. Sie wollte damit sagen, daß er ihr leid tue. Dabei war es doch schön, müde zu sein, in dem sauteuren Wagen zu lümmeln, sich schaukeln zu lassen und dem angenehmen Brummen des leisen Motors zu lauschen.

»Ich werd' Musik machen, wir Großen sollten nicht müde werden«, rief Wenz. Und er hörte nicht, daß seine Frau flehte, er möge das Radio nicht zu laut stellen, aber Wenz wollte wieder mal »volle Lautstärke fahren«, wie er sagte.

»Weißt du, was das ist?« schrie er Jürgen zu.

Jürgen wußte es nicht.

»Das ist Beethoven!« schrie Wenz. »Die fünfte Symphonie von Beethoven. Tatatatüü, tatatatüü!«

Es war so laut, als säße das ganze Orchester im Wagen und spielte mit voller Lautstärke.

»Musik«, rief Wenz, »was von wem ist, das werdet ihr beide auch noch lernen.«

»Fein«, sagte Jürgen, um ja keinen schlechten Eindruck aufkommen zu lassen.

Wenz drehte plötzlich leiser. »Und im Winter«, sagte er, »schon im Herbst, wenn die Regentage kommen und man draußen nichts mehr anfangen kann, da bauen wir unten im Hobbyraum meine Eisenbahnanlage auf. Das Ding muß doch noch gehen, nicht wahr, Maus?«

»Als wir geheiratet haben, ging's noch«, sagte Frau Wenz.

»Ich hab' sie doch später noch mal aufgebaut?«

»Ach ja, das war, als das Haus fertig war.«

»Richtig, ich sage dir, Jürgen, da bleibt dir die Spucke weg, wenn wir das Ding aufgebaut haben. Über zwanzig Loks, an die zweihundert Wagen, jede Menge Weichen und Signale. Ich weiß nicht mehr, wieviel Meter Gleise das Ding insgesamt hat. Auf jeden Fall mehr als hundert!«

»Toll«, sagte Jürgen. »Thomas hat sich immer eine

Eisenbahn gewünscht. Es war auch eine da. Aber die war dauernd kaputt.«

»Das kommt davon, wenn so viele damit herumspielen. Nein, meine Eisenbahn ist dann nur für euch. Und wir können ja die neuen Typen dazukaufen. TEE-Züge und so . . . oder Inter-City-Modelle . . .«

»Prima!« sagte Jürgen.

Wenz war phantastisch gut aufgelegt. Darum sagte er jetzt: »Und wenn du brav bist, Maus, dann darfst du auch mitspielen. Aber nur, wenn du uns schöne belegte Brötchen machst.«

Frau Wenz war in Gedanken ganz woanders. »Siehst du«, begann sie, »und du wolltest damals keinen Heizkörper im Hobbyraum. Wie gut, daß ich mich durchgesetzt habe.«

»Wir sind da«, sagte Wenz ziemlich lustlos.

Zuerst überlegten sie, ob sie Thomas schlafen lassen und tragen sollten, aber dann meinte Jürgen, der Kleine könne ebensogut gehen, und weckte ihn, indem er ihm die Nase zuhielt.

»Nicht so grob!« rief Frau Wenz. »So darf ein großer Bruder nicht mit dem kleineren umgehen. Was tust du, wenn er erstickt?«

»Er macht immer sofort den Mund auf«, verteidigte sich Jürgen.

»Oh, Maus, das sind keine Mädchen, das sind Jungens«, meinte Wenz.

Ehe Frau Wenz etwas erwidern konnte, fuhr Thomas hoch, rieb sich die Augen und fragte gähnend, ob sie schon da seien.

»Ja, los, raus aus der Luxuskutsche.«

Der Abschied war kurz. Wenz blieb sitzen und reichte ihnen die Hand. Frau Wenz war ausgestiegen und wollte ihnen auch die Hand reichen, dann überlegte sie es sich jedoch anders und drückte beide an sich. Flüchtig nur, aber lange genug, daß Jürgen ihre Wärme spürte, die warme Weichheit ihres Körpers, ihre Nähe. Sicher war seine Mutter genauso wie Frau Wenz, nur daß sie ihn länger umarmen würde. Länger und herzlicher. Und dann der Geruch im Haupthaus. Der typische Sonntagabendgeruch. Nach Wurst mit Zwiebeln, Essig und Öl und Pfefferminztee. Und der Mittagessensgeruch hatte sich noch nicht verzogen. Nicht ganz. Jeder mit einer einigermaßen gut ausgebildeten Nase konnte riechen, daß es mittags Schweinebraten, Salzkartoffeln und Gurkensalat gegeben hatte.

Und dann huschte der schwarze Schatten Schwester Mathildes auf sie zu. Ein Lächeln über einer Spur von Weiß. »Da seid ihr ja. War es schön?«

»Ja, sehr schön.«

»Fein, und seid ihr auch brav gewesen?«

»Ja, sehr brav«, sagte Thomas, dem es immer eine Spur leichter fiel, ein bißchen zu mogeln. Denn die ganze Zeit waren sie nicht superbrav gewesen. Einmal waren sie zu weit hinausgeschwommen; Frau Wenz war ganz blaß vor Angst gewesen, und Wenz hatte gesagt, »wenn ihr mir gehörtet, heute schon, würde ich euch übers Knie legen.« Aber zum Glück gehörten sie noch nicht ihm.

»Ach ja«, rief Schwester Mathilde, »man sieht es dir an, daß du brav warst. Und du hast Farbe bekommen, und Jürgen natürlich auch.«

»Er will die Mansarde für uns ausbauen«, berichtete Jürgen, »er hat es gesagt. Morgen schon wird er mit dem Baumeister sprechen. Es sollen ganz tolle Zimmer für uns werden, hat er gesagt.« Und als Jürgen den ungläubigen Blick der Schwester bemerkte, fügte er hinzu: »Ehrlich, Sie können ihn fragen. Und eine große Eisenbahnanlage baut er uns auch auf. Im Hobbyraum.«

»Nun, da könnt ihr euch ja freuen. Ich werde dafür beten, daß alles gutgeht.«

Thomas strahlte die Schwester an. Erst als sie weg war, sagte er: »Immer muß sie beten.«

»Laß sie doch, vielleicht hilft es.« Sie schwiegen,

dachten aber beide, daß es ganz prima wäre, würden die Gebete der Schwester Mathilde helfen.

Oben im Zimmer stand Werner und guckte aus dem Fenster. Er zuckte zusammen, als sie eintraten. »Na«, fragte er schließlich, »wie war's? Kriegt ihr einen anderen Namen?«

»Echt stark war's«, sagte Thomas, »'ne richtige Schau. Aber über Namen haben wir noch nicht gesprochen.«

»Das kommt ganz zum Schluß«, sagte Jürgen, »wenn alles andere gelaufen ist und wir bei ihnen wohnen.«

Sie erzählten Werner alles, von dem Zimmer in der Mansarde und davon, was am Strand los gewesen war. Das Mittagessen hatte über siebzig Mark gekostet, aber das machte Wenz gar nichts aus. Der hatte immer ein paar Hunderter in seiner Brieftasche. Sie konnten sich auf der Speisekarte aussuchen, was sie essen wollten. Wenz hatte sogar gesagt, es sei so schönes Wetter, da brauchten sie nicht auf die Preise zu achten. Und zum Schluß hatten sie Vanilleeis und ein Kännchen heißer Schokolade zum Drübergießen bekommen.

»Heiße Schokolade?« fragte Werner.

»Ganz heiß. Du kannst fragen.«

»Hieß so ähnlich wie Europacup«, sagte Thomas.

»Quassle nicht. Europacup! Das hieß Dänemarkcup oder so . . . Und 'ne Menge Schlagsahne war auch dabei.«

Werner trieb sie an. »Schnell, duscht euch, damit die Bude komplett ist.«

»Wir haben geduscht«, sagte Thomas. »Direkt nach dem Baden.«

»Und pinkeln müßt ihr nicht?«

Thomas mußte. Als er zurückkam, war Werner bereits zappelig. »Ihr braucht immer so lange. Es wird doch bald dunkel.«

»Jetzt hör doch auf!« Jürgen schlug mit der Faust in die Bettdecke, denn er wußte, was kam. Werner fürchtete sich wieder vor seinem Vater. Immer, wenn es auf den Abend zuging, begann er zu flattern.

Zuerst hatten sie einen Schlüssel in der Tür stecken gehabt. Der war eines Tages verschwunden, weil Werner immer zugeschlossen hatte. Dann hatte er einen Stuhl mit Lehne so unter die Türklinke gestellt, daß man sie nicht runterdrücken konnte. Die Tür ging nicht auf. Und dann hatten sie nur Hocker bekommen ohne Lehne. Auch mit den Hockern ging es prima. Zwei unten, einer oben, die Sitzfläche unter der Klinke. War fast noch besser als ein Schlüssel oder die Stuhllehne.

»Gib's doch auf«, sagte jetzt Jürgen. »Die lassen deinen Vater nicht rein.«

»Der läßt sich von denen doch nichts sagen!« Werner baute die Hocker auf, als sei es sehr eilig.

»Und selbst wenn er hier reinkommt, wir sind schließlich auch noch da.«

»Der hängt euch übern Kleiderbügel wie'n nassen Mantel. Und mich verhaut er.«

»Ich tret' ihn in den Hintern«, versprach Thomas.

»Ausgerechnet vor dir wird er sich fürchten!« Werner hatte die Hocker aufgebaut und prüfte, ob die Tür zu öffnen war. Sie war nicht zu öffnen, aber er fühlte sich nicht sicher genug. »Wir sollten noch den Tisch hinter die Hocker schieben«, schlug er vor. »Oder den Schrank . . .« Nervös knabberte er an den Fingernägeln.

»Wenn Bernhard kommt, mußt du doch wieder alles wegtun.«

»Ich nicht«, schwor Werner.

»Wir fürchten uns nicht«, sagte Thomas keck.

»Dich hat er auch nicht auf die Bank gebunden!« Werner war fast grün im Gesicht. Und als es klopfte, war er unter dem Bett.

Jürgen erkannte sofort, daß es Bernhard war, nur Werner nicht. »Laßt ihn nicht rein«, wimmerte er unter dem Bett. Und dann kam es, wie es immer kam. Thomas kroch zu ihm hinunter: »Es ist nur Bernhard, garantiert, Werner, hör nur einmal ruhig hin, dann merkst du, daß es Bernhard ist.«

Werner wollte hinhören, aber er war vor Angst nicht imstande dazu. Am liebsten hätte er sich in die Mauer hineingekratzt, hinüber in ein anderes Zimmer.

Jürgen ging zur Tür. »Bernhard?« rief er.

»Ja«, sagte Bernhard draußen, »ich bin es. Ich, Bernhard. Ich tu ihm doch nichts. Sagt ihm das.«

Jürgen legte sich vor dem Bett auf den Boden.

»Werner, Menschenskind, du weißt doch, daß Bernhard dir nichts tut. Werner, es ist Bernhard und nicht dein Vater. Mensch, du weißt doch, daß er hinterher immer bei dir auf dem Bett sitzt.«

»Der Wolf«, schrie Werner, »der Wolf hat auch seine Stimme verstellt.«

»Aber wir sind keine dämlichen Ziegen. Oder?«

»Werner«, sagte Thomas unterm Bett und fuhr ihm durchs verschwitzte Haar. »Werner, ich bin doch da. Und es ist wirklich Bernhard.«

Jürgen stand wieder auf und ging zur Tür. Er hob den oberen Hocker herunter, ließ die unteren aber noch vor der Tür. Bernhard wußte, daß er die Tür zunächst nur einen Spalt öffnen durfte. »Sieh«, sagte er, »Werner, ich reiße nicht gleich die Tür auf und stürze herein, wie dein Vater das tun würde. Glaubst du nun, daß ich es bin?«

»Streck die Hand rein«, jammerte Werner.

Als er den dunkelbehaarten Handrücken Bernhards sah, durfte Bernhard hereinkommen.

Thomas kroch unter dem Bett hervor, und schließlich kam Werner.

»Pfffff!« machte Bernhard. »Das war wieder ein Theater!«

Er war der jüngste Erzieher, der größte, der dickste und der mit den meisten Haaren. Jetzt fuhr er sich mit dem behaarten Unterarm über die Stirn, um den Schweiß abzuwischen. »Was glaubst du«, sagte er, »wenn hier einer hereinkommt, der nicht hierhergehört, was glaubst du, was ich mit dem mache, hm?«

Werner lächelte, während er noch immer an den Nägeln biß.

Bernhard öffnete sein Hemd und zeigte die behaarte Brust. »Da blas' ich nur meinen Brustkasten richtig auf, und dann kann er im Flur schon nicht mehr an mir vorbei. Guck her.« Bernhard holte tief Luft. Er war wirklich ein Riese, fast so breit wie ein zweitüriger Schrank. Und mit seinen Haaren hätte man eine Matratze prall füllen können. Die Stirn in seinem breiten, gutmütigen Gesicht war kaum zu sehen, auch von den Backen sah man fast nichts, der Mund verschwand nahezu im Vollbart, das einzige, was in Bernhards Gesicht unbehaart war, war die Nase, auf der eine Nickelbrille mit ewig ungeputzten Brillengläsern saß.

Jetzt legte Bernhard seinen kräftigen linken Arm um Werners Schultern. Und Werner fühlte augenblicklich die Geborgenheit, die von dieser Geste ausging. Bei Bernhard war alles Muskel und auch ein bißchen Fett. Nirgends spürte man einen Knochen. Und immer roch er ein bißchen verschwitzt, aber das war ein angenehmer Geruch. Bernhard mußte so riechen. Es wäre nicht Bernhard gewesen, hätte er nach Rasierwasser geduftet wie ein feiner Pinkel.

»Siehst du«, sagte er und drückte Werner an sich, »jetzt hast du keine Angst mehr. Ich lass' auch meine Tür offen, heut nacht. Und du weißt, ich habe ein Gehör wie ein Wachhund. Ich höre, wenn im Flur draußen eine Maus vorbeimarschiert. Na, da bin ich gleich wach und fasse sie am Schwanz. Und unlängst erst! Ich liege da und schnarche. Da hör' ich doch, wie im Flur einer trampelt. Nanu, wer macht in der Nacht solchen Lärm? frage ich mich, stehe auf und gucke auf den Flur. Nichts zu sehen, aber einer trampelt! Ich renne zurück und setze mir schnell die Brille auf, da hab' ich den Missetäter auch schon im Visier.«

»Wer war's?« fragte Werner.

»Eine bayerische Gebirgsameise. Sie hatte Nagelschuhe an.«

Werner lachte. Ein wenig unsicher noch, aber er versuchte es wenigstens. Bernhard war wirklich ulkig. Immer erfand er Geschichten. Später sagte er noch: »Du mußt dich vor deinem Vater nicht fürchten. Der ist noch ärmer dran als du. Der war auch ein Heimkind, aber da ging es noch anders zu in den Heimen als heute. Ach Junge, wenn du wüßtest. Dein Vater hat nichts gekannt als Schläge; er hat noch nicht gelernt, daß es auch anders geht. Du lernst es. Solltest es wenigstens lernen, verstehst du? Wenn einer aufhört zu prügeln, wenn einer sagt, nein, so was mach' ich nicht, dann ist die Prügelkette gerissen. Und das ist schon viel. So, aber jetzt ab in die Falle.«

Die erste Andeutung machte Werner. Die Kanzleitür sei offengestanden, und da hätte er was gehört.

»Mensch, wenn das wahr ist, lauf' ich davon.«

»Was hast du gehört?«

»Wir sollen hier weg. Alle! Das Heim soll aufgelöst werden. Es sind nicht mehr genug Schwestern da.«

Thomas tippte an die Stirn. »Du hast wohl 'nen Vogel, Mensch. Und wenn, dann gehen wir hier nicht weg.«

»Genau«, sagte Jürgen. »Das heißt, uns kann es ja egal sein, weil wir doch zu Wenz kommen, aber die anderen . . .«

»Ihr habt 'ne Ahnung«, sagte Werner, »wenn die hier schließen wollen, wenn die uns hier weghaben wollen, dann kriegen die uns weg. Und wenn uns die Polizei rausschleift.«

»Ach, du hast Quatsch gehört. Du hast die Hosen voll. Du hörst immer Quatsch!«

»Ich hab's genau gehört, Schwester Engelberta hat es zu Schwester Rosa gesagt. Sie haben nicht mehr genug Schwestern. Das ist es.«

»Ach du«, sagte Jürgen, »du hörst die Mäuse pinkeln.«

Werner hockte auf seinem Bett und starrte zur Tür. »Die machen das vielleicht so: Sie warten, bis wir fest schlafen, und dann tragen sie uns raus mitsamt den Betten. So wie wir damals Heinz rausgetragen haben, in den Ferien, und er hat es erst gemerkt, als er neben dem Misthaufen aufgewacht ist.«

»Die tragen uns mitsamt dem Haus weg«, äffte ihn Jürgen nach.

Werner krümmte sich zusammen. »Ihr wißt ja nicht, was los ist«, sagte er, »ihr wißt ja nicht, was gespielt wird.«

An dem Abend gab es Streit, als Werner die Tür verbarrikadieren wollte.

Das Spielchen mit den Stühlen und Hockern, das hatten

Jürgen und Thomas noch durchgehen lassen. Als Werner aber versuchte, den Schrank vor die Tür zu schieben, gab es eine Prügelei. Das kriegten die aus den Nebenzimmern mit, und weil Bernhard nicht da war, kam Schwester Mathilde atemlos an; allerdings konnte sie sich nicht dazwischenwerfen, ihre Ordenstracht hätte gelitten.

»Was war denn los?« fragte sie hilflos, als der Spuk halbwegs vorüber war.

»Er wollte den Schrank vor die Tür schieben!« schrie Thomas.

»Ach Gott, der Arme. Werner, hör sofort auf, und du Jürgen auch. Jürgen, laß Werners Haare los, und Werner, nimm den Zeigefinger aus Jürgens Nasenloch.«

Die zwei waren so beschäftigt, daß sie entweder Schwester Mathilde nicht hörten oder keiner als erster aufhören wollte. Schließlich kam Heinz. Der war zwar nicht ganz so stark wie Bernhard und auch nur ein Heimjunge, aber wenn er sich auf einen Stuhl fallen ließ, brachte er es immerhin fertig, daß der Stuhl nur noch Brennholz war.

»Laßt mich mal ran«, sagte Heinz. Er legte sich auf die beiden und ließ nur sein Gewicht wirken. Da kam rechts unter ihm Werner hervor, als hätte Heinz ihn ausgebrütet, und links Jürgen.

Auch Heinz erhob sich, wischte sich die Hände ab und fragte Schwester Mathilde: »Noch was?«

»Nein, danke«, sagte Schwester Mathilde verwirrt. »Aber was war denn mit euch los?«

»Das müßten Sie am besten wissen!« schrie Werner.

»Wieso ich?«

»Wir sollen immer ehrlich sein, aber ihr seid es nicht.«

»Um Gottes willen, was hast du denn?«

»Müssen wir hier raus oder nicht? Und wenn, warum sagt das keiner? Aber uns kann man ja verscheißern.«

Schwester Mathilde wurde blutrot.

»Woher weißt du? Und um Gottes willen, das geht noch lange hin, und das muß nicht kommen, das sind doch nur erste Überlegungen.«

»Ja. Und uns gehen sie nichts an.«

»Werner«, bettelte die Schwester, »mach die anderen nicht verrückt, du bist hier einer der Gescheitesten, denkst du wirklich, wir haben nicht euer Wohl im Auge?«

Werner machte eine wegwerfende Handbewegung, ging zum Fenster und starrte hinaus. Er biß die Lippen zusammen, weil er heulen mußte, aber es nützte nichts. Der Garten draußen, die Kastanien, gerade abgeblüht, verschwammen vor seinen Augen. Er machte eine unwillige Bewegung, als er eine Hand auf seiner Schulter spürte, aber die Hand ließ sich nicht abschütteln.

»Wenn es soweit kommen sollte, und das ist noch nicht entschieden, dann werden wir ... Dann werden alle Schwestern hier, mit einem Wort, es wird uns nichts übrigbleiben.«

Die Hand krallte sich fast in seine Schulter, und im nächsten Augenblick huschte Schwester Mathilde lautlos hinaus.

Werner drehte sich um. »Arme Teufel«, sagte er endlich. »Die müssen noch mehr parieren als wir.«

Thomas zog an Jürgens Kissen.

»Was ist?« brummte Jürgen verdrießlich. »Immer, wenn ich am Einschlafen bin, weckst du mich.«

»Was meinst du?«

»Was soll ich meinen?«

»Ob es stimmt, was Werner sagt?«

»Sicher stimmt es.«

»Und wir?«

»Was wir?«

»Müssen wir auch hier raus?«

»Das weißt du doch, Wenz nehmen uns zu sich.«

»Und wenn nicht?«

»Aber sie haben doch beide gesagt ...« Jürgen verstummte, weil er plötzlich auch fand, daß die Sache noch nicht so sicher war. »Wenz hat doch selbst gesagt, daß er die Mansarde für uns ausbauen läßt. Und die Eisenbahnanlage im Hobbyraum. Du hast doch den Hobbyraum gesehen.«

»Aber nur mit dem Tennistisch, nicht mit der Eisenbahn.«

»Das macht doch nichts. Da muß eben der Tisch hochkant an die Wand.«

»Na dann«, sagte Thomas, als wäre damit alles geregelt.

Gerade als Jürgen wieder einschlafen wollte, zupfte ihn Thomas noch mal.

»Hm?« machte Jürgen schlaftrunken.

»Und . . . Ich meine nur so, was ist, wenn sie nettere Jungen finden? Oder einen Jungen und ein Mädchen?«

Jürgen überlegte. »Was glaubst du, was die schon gesucht haben«, sagte er endlich. »Und wir waren schließlich schon ein paarmal bei ihnen. Und er möchte doch nur Jungen haben.«

»Aha«, sagte Thomas.

Jürgen drehte sich wieder zur Wand.

»Du–u?«

»Was ist denn noch?«

»Und wenn sie doch noch ein Kind kriegt? Ich meine, ein eigenes?«

»Kriegt sie nicht.«

»Und warum nicht?«

»Der Arzt hat ihr gesagt, daß sie keine kriegt.«

»Warum nicht?«

»Weil sie steril ist.«

»Aha«, sagte Thomas. »Was heißt das?«

»Das heißt, sie kriegt keine Kinder.«

»Auch wenn sie einen Mann hat?«

»Auch dann.«

»Aber die beiden tun's doch, oder?«

»Klar, und jetzt schlaf.«

»Und warum tun sie es, wenn sie wissen, daß sie keine . . .?«

»Aus Gewohnheit, und außerdem gehört es sich, wenn man verheiratet ist.«

Thomas schwieg jetzt. Wahrscheinlich war er eingeschlafen. Jürgen langte zu ihm hinüber, erwischte einen Haarschopf und zog leicht daran, später versuchte er es ein bißchen fester. Nein, der Kleine schlief. Dafür war er jetzt hellwach und mußte an alles denken. An die Mansardenzimmer, und ob sie auch ein eigenes Bad bekämen, oder ob sie einfach das Badezimmer von Herrn und Frau Wenz benutzten. Und was war, wenn er gerade mal nackt in der Badewanne lag und Frau Wenz kam herein? Was sagte man da? Und was sagte man erst, wenn sie nackt im Badezimmer war und man selber hereinplatzte? Und die Toilette, wenn man dringend mußte, und sie war besetzt? Hier im Heim gab es mehrere, aber er hatte nicht darauf geachtet, wie viele Toiletten Wenz hatten. Zu bedenken war es trotzdem.

Gerade, als auch er eingeschlafen wäre, begann Werner im Traum zu reden. »Tu's nicht, tu's nicht!« jammerte er. Jürgen sprang aus dem Bett und rüttelte Werner wach. »Hör auf«, sagte er, »hör auf zu träumen, was hast du denn?«

Werner fuhr erschrocken hoch. »Was ist? Bist du das?«

»Nein«, sagte Jürgen, »ich bin es.« Er wußte, daß es ein Fehler gewesen war, kein Licht anzudrehen. Aber schon fand sich Werner langsam zurecht.

»Ich bin im Heim«, sagte er, »fein, und du bist Jürgen.«

»Du hast geträumt«, sagte Jürgen. »Du hast andauernd gerufen ›tu's nicht‹.«

»Es war mein Kellertraum«, sagte Werner. »Er hat mich mal in den Keller gejagt, er hinterher, und als er mich hinten in der Ecke vom Kellergang hatte, da riß er so eine Latte, weißt du, so eine Latte, mit denen man die Kellerabteile voneinander abtrennt, so eine Latte riß er aus der Kellerwand . . .«

»Schlaf jetzt«, sagte Jürgen. Er schlurfte in sein Bett zurück. Im Bett versuchte er, an angenehme Dinge zu denken. Ein Haus wie Wenz es hatten und drinnen seine Mutter. Und er ginge mit ihr einkaufen. Er mußte gar nicht fragen, wieviel Geld sie hatten. Es war genug da. Und sie war hübscher als Frau Wenz und jünger; die aus der Schule staunten nicht schlecht, daß er eine solche Mutter hatte. Sein Vater redete nicht von Mutter. Es war, als hätte es sie nie gegeben. Aber einmal mußte sie da gewesen sein. Und wenn er nach Mutter fragte, da wurde Vater ungemütlich. »Die kannst du vergessen«, sagte er, »die ist weit weg. Weit überm großen Teich.« Aber das glaubte er nicht. Einmal würde eine schöne Frau kommen, fast elegant, und nach ihnen beiden fragen. So war das. Und keiner würde wissen, daß es seine Mutter war. Nur er würde sie sofort erkennen. Und möglicherweise war Vater gar nicht sein Vater. Wenn er auch ein guter Kerl war. Er konnte sich gut vorstellen, daß er einen anderen Vater hatte. Einen Mann, der etwas war, Bundesligatrainer vielleicht oder Manager bei einem großen Verein. Freilich, da tauchte dann die Frage auf, wieso wurde er von seinen Eltern getrennt, und warum kümmerten sie sich nicht um ihn? Und da war wieder das Bild: Die Allee, und die Sonne kam von rechts und teilte die Allee in dunkle und helle Streifen. Er hatte das irgendwo gesehen. Und unten am Ende der Allee tauchte seine Mutter auf und kam auf ihn zu. Ging durch dunkle und helle Streifen, und er lief ihr entgegen, aber irgendwie kamen sie nicht voran, sie gingen und gingen und kamen einander nicht näher. Er schleppte sich weiter; schließlich sackte er zusammen, und das Licht, das noch immer von rechts kam, erlosch, bis alles schwarz war.

Als Herr und Frau Wenz am nächsten Wochenende kamen, wollten sie sehen, was die zwei Brüder an Kleidung besaßen und was fehlte. Frau Wenz schrieb alles in ein Notizbuch. Was sie hatten, war nicht sehr reichlich, aber auch nicht knapp, für die Brüder reichte es. Jürgens Jeans waren schon ziemlich verschlissen, und die Ärmelränder von Thomas' Anorak waren abgestoßen. Was Frau Wenz mehr erschütterte: Die beiden Jungen hatten sich auf knallige Farben festgelegt. Was sie trugen, war in ihren Augen einfach ordinär. Sie sagte das zwar nicht laut, aber ihre Miene verriet, daß sie die Hosen, Blousons, Hemden und T-Shirts am liebsten verbrannt hätte.

»Ja«, sagte sie, »ich sehe schon, wo es fehlt. Mit ein bißchen mehr Geschmack müßt ihr euch dann schon anziehen . . .«

»Aber . . .« Jürgen wollte einwenden, daß ihre Sachen doch schön seien, hielt es aber für klüger zu schweigen.

»Ich will ja nicht sagen«, fuhr Frau Wenz unbeirrt fort, »daß ich euch in Samtanzügen und weißen Hemden sehen will, beileibe nicht. Nur dieses geschmacklose amerikanische Zeugs, das werdet ihr euch abgewöhnen müssen.«

»Nicht von heute auf morgen«, warf Herr Wenz ein. »Das braucht seine Zeit. Wir wollen ja nur, daß ihr nicht wie der reine Rockernachwuchs daherkommt.«

»Aber die Jacke mit der Rückennummer Siebzehn kriege ich, wenn sie für Jürgen zu klein ist«, meldete sich Thomas.

»Ausgerechnet die willst du?« Frau Wenz hoffte, ihr Mann würde etwas zu der Jacke sagen, aber der machte nur ein unglückliches Gesicht. Es gefiel ihr nicht, daß er ihr, solange sie allein waren, immer zustimmte, und vor den Jungen Unentschlossenheit zeigte. Und als sie den Jungs eröffnete, daß sie diesmal nicht irgendwohin fahren, sondern sich in der Stadt in einigen Kaufhäusern umsehen würden, nur so zur Information, da vermißte sie die richtige Begeisterung bei den Brüdern.

»Keine Angst«, sagte sie, »wir werden heute nichts einkaufen, wir wollen uns nur mal orientieren.«

Es wurde ein etwas verunglückter Nachmittag, obwohl oder gerade weil sich alle vier die größte Mühe gaben. Die Jungen fanden ganz hübsch, was Frau Wenz gefiel, wollten es aber nicht haben, und Herr Wenz lud sie zu Kaffee und Kuchen ein. Die Brüder hätten gern Coca oder Limo zu ihrer Torte mit Schlagsahne gehabt, aber Frau Wenz fand, das passe überhaupt nicht zusammen, und so bestellten sie

Kakao und rührten den kaum an. Und dann fragte Herr Wenz noch zu allem Überfluß, was die Schule mache.

Die Schule machte sich im Moment nicht besonders. Jürgen konnte sich selbst nicht erklären, wieso die Lehrer plötzlich schlechte Noten schrieben. In der Mathearbeit war der Rechengang zwar richtig gewesen, aber es war etwas Falsches dabei herausgekommen. Und bei einer Textaufgabe hatte er nur vergessen zu schreiben, der Elektrohändler müsse 568 Glühbirnen bestellen. Die Zahl sei zwar auch nicht richtig gewesen, weil er etwas vergessen habe, aber daß der Lehrer so auf diesen Satz erpicht war, konnte er jetzt noch nicht begreifen.

»O Gott«, sagte Frau Wenz, »begreifst du es wirklich nicht, oder willst du es nicht begreifen?«

»Der Lehrer hat doch gewußt, was gefragt war.«

»Wenn dich der Lehrer fragt, ob man Haus groß oder klein schreibt, sagst du da auch nichts, weil das der Lehrer doch selber wissen müßte?«

»Nein«, sagte Jürgen und wurde rot. Zum erstenmal war ihm Frau Wenz sehr unsympathisch. Und als sie sagte, daß sie wenigstens Realschulabschluß von ihm und seinem Bruder erwartete, sah er schwarz.

»Wobei es uns nichts ausmacht, wenn ihr eine Ehrenrunde dreht«, beruhigte ihn Herr Wenz, »aber das soll keine Aufforderung sein, wir wollen damit nur sagen, daß wir Verständnis für eure schwierige Lage haben. Thomas, was willst du denn werden, hast du dir darüber schon Gedanken gemacht?«

»Ja.«

»Na, dann schieß los, was willst du werden?«

»Fußballer«, sagte Thomas, »Fußballer in der Bundesliga.«

Frau Wenz verschluckte sich beinahe am Kaffee.

»Das sind so Träume«, sagte Wenz. »Nur, Fußballer ist kein Beruf.«

»Aber sie verdienen eine Menge«, warf Jürgen ein.

»Und für wie lange?«

»Bis es reicht. Und dann haben sie Tankstellen oder Sportgeschäfte.« Thomas fiel nicht mehr ein.

»Oder sie werden Versicherungsdings, na so Direktoren eben.«

»Ihr habt Vorstellungen«, sagte Wenz. »Und was willst du werden, Jürgen?«

»Ich würde gern Discjockey werden, vielleicht schaffe ich es noch mit dem Englisch.«

»Was für eine Note hast du denn?« fragte Frau Wenz.

»Fünf«, sagte Jürgen und schob den Teller mit der halben Torte weg.

»Magst du nicht mehr, oder kannst du nicht mehr?«

»Ich mag nicht mehr«, erklärte er bockig.

»Dann sag es das nächste Mal vor der Bestellung. Thomas, ißt du Jürgens Torte noch?«

»Mhm«, mampfte Thomas.

Bevor Frau Wenz Thomas den Teller zuschieben konnte, griff Jürgen nach der Kuchengabel und zermanschte sein halbes Tortenstück.

»Jetzt esse ich sie nicht«, rief Thomas, sprang auf und wollte auf Jürgen einschlagen. »Verdammter Hund!«

»Schnauze«, sagte Jürgen.

»Los, prügelt euch, wenn ihr wollt. Wir gehen inzwischen schon«, sagte Herr Wenz, während Frau Wenz unentwegt etwas in ihrer Handtasche suchte. »Bitte, zahle endlich«, sagte sie in die Handtasche hinein, »damit wir hier verschwinden können.«

»Ich denke, damit ist unsere Exkursion beendet«, sagte sie auf der Rolltreppe zu ihrem Mann. »Du kannst mit den Jungen schon zum Parkplatz vorausgehen. Ich fahre noch in die Lebensmittelabteilung hinunter.«

»Dürfen wir nicht mitkommen?« wagte Jürgen zu fragen.

Sie beide gingen nämlich am liebsten beim Lebensmitteleinkauf mit. Erstens fiel da immer etwas für sie ab, und zweitens war es schön, Frau Wenz beim Einkaufen zuzusehen. Sie kaufte auch immer ein paar Sachen, die es im

Heim nicht gab. Kiwi oder Kaktusfeigen und deutschen Kaviar.

»Nein, heute gehe ich allein, und wenn du nachdenkst, weißt du sicher warum.«

Herr Wenz ging mit ihnen wortlos zum Parkplatz. Beim Auto blieb er stehen und musterte sie lange. Er war nicht ärgerlich, aber er lachte auch nicht. Er sah sie nur sehr genau an. Dann sagte er: »Nimm die Hand vom Wagen, Thomas. Ich weiß schon, daß er staubig ist.« Dann fiel der erste Tropfen auf den Wagen. Herr Wenz guckte zum Himmel und schloß auf. »Setzt euch hinein!« befahl er, dann warf er die Tür zu und schloß die linke Vordertür auf und schwang sich hinters Lenkrad. Er sah durch die Windschutzscheibe hinaus, auf die nun die Tropfen dichter fielen, und sagte: »Eigentlich hatte ich vorgehabt, noch mit euch in die Spielzeugabteilung zu gehen. Schade.«

Er merkte nicht, daß Thomas Jürgen boxte, sondern hörte nur die Ohrfeige, die Jürgen Thomas gab.

»Nur immer weiter so«, sagte Herr Wenz ganz ruhig.

Da merkten sie beide die Gefahr. Sie rückten sofort auseinander und waren voll guter Vorsätze. Sie spürten plötzlich, was auf dem Spiel stand, und möglicherweise war es noch nicht zu spät. Da kam Frau Wenz, und es war gleich zu sehen, daß sie nicht so viel eingekauft hatte wie sonst. Sie stellte die Plastiktüte auch nicht in den Kofferraum, sondern nahm sie mit in den Wagen. Neben ihren Füßen hatte sie vorne Platz genug.

»Ab nach Hause«, sagte sie, und als der Regen plötzlich niederrauschte, als hätte er gewartet, bis sie im Wagen war, meinte sie: »Da haben wir ja noch Glück gehabt.«

Während der ganzen Fahrt sprachen die beiden nur miteinander, ganz so, als wären Jürgen und Thomas gar nicht da. Und kein einziges Mal drehte sich Frau Wenz um.

Jürgen nahm sich vor, beim Aussteigen vor Wenzens Garage Thomas bei der Hand zu nehmen und zu sagen:

So, wir gehen jetzt. Komm, Thomas, ab ins Heim. Dann würden die Wenzens schon kommen und sagen, ach, so war das doch nicht gemeint. Sei nicht so empfindlich. Und sie würden sagen, es schüttet ja, ihr werdet völlig durchnäßt. Und er würde sagen, es sind unsere Sachen, die naß werden, nicht Ihre. Und er würde sagen, wir finden es im Heim ganz schön. Da sind sie wegen so einer Kleinigkeit nicht gleich scheißbeleidigt. Und dann würde sie weinen, und ihr Mann würde sagen, verdammt noch mal, jetzt hast du es. Hast du noch nicht kapiert, daß das die besten Jungen sind, die wir kriegen konnten? Sollten sie ruhig böse aufeinander sein, aber sie sollten eines wissen, sie ließen sich nicht behandeln wie Dreck. Besser war es, wenn er Thomas auf das vorbereitete, was er vorhatte. Aber Thomas war ein Ekel, wenn er sich ihm näherte, sagte Thomas laut, daß es auch die zwei vorne hören konnten: »Laß mich. Rück auf deine Seite. Das ist meine Seite, hier hast du nichts verloren.«

Der Trottel merkte noch immer nicht, worum es ging. Gott, war das ein Idiot!

Und dann stiegen sie aus, und Jürgen wollte gerade anfangen zu reden, er hatte den Mund schon offen, da sagte Frau Wenz: »Da, trag das ins Haus«, und sie reichte ihm den Plastikbeutel, der gar nicht schwer war, und Thomas stand mittlerweile schon vor der Haustür. Also mußte er auch hin. Das Haus war gar nicht so schön, wie er es in Erinnerung hatte. Überall stank es nach Lack, und Wenz sagte: »Geht nicht hinauf in die Mansarde, die Türrahmen sind frisch gestrichen.«

Einige Zeit später in der Küche versuchte Jürgen, wieder Frieden zu machen; er half so gut er konnte, wusch die neuen Kartoffeln und legte sie wie Zerbrechliches in den Topf. Da machte Thomas wieder einen blöden Fehler. Frau Wenz stellte in einem kleinen Töpfchen, in das sie Wasser hatte laufen lassen, zwei Eier zum Kochen auf,

Thomas zählte auffällig die zwei Eier und fragte: »Zwei Eier, wieso? Essen Sie beide keine?«

»Wer sagt denn, daß die Eier für euch beide sind«, fragte Frau Wenz schnippisch. »Wer sagt denn, daß ihr ein ganzes Ei bekommen müßt?«

»Im Heim kriegen wir immer ganze Eier«, antwortete Thomas und ging seinen Bruder um Hilfestellung an. »Nicht wahr, Jürgen?«

»Halt die Klappe!« sagte Jürgen.

»Aber ich will ein ganzes Ei!«

»Gut«, sagte Frau Wenz, »dann gar keines.« Sie prüfte mit dem kleinen Finger die Temperatur des Wassers, und weil es erst lauwarm war, nahm sie die beiden Eier heraus und schüttete das Wasser weg. »Ich hatte die Eier vierteln wollen«, erklärte sie, »zur Dekoration, da hätte jeder zwei Viertel gekriegt. Jetzt gibt's was anderes. Wenn ich das gewußt hätte, wäre ich nicht eigens in die Lebensmittelabteilung gegangen.«

Es gab Pellkartoffeln mit Butter und Salz zum Abendessen. Wer wollte, konnte einen Becher Milch dazu haben. Und im Heim gab es statt dessen Wurstplatte! Das war immer hübsch auf jedem Teller angerichtet. Ein Röllchen Butter dazu, ein Eckchen Käse, eine kleine Tomate oder nur eine Viertel Tomate und Brot, soviel man wollte, dazu Zitronentee.

Hier mußten sie sogar die Kartoffeln selber pellen. Jeder aß nur zwei, dann war er satt. Herr und Frau Wenz aßen mehr, und sie verstellten sich und taten, als ob es ihnen ganz toll schmecke. Und dann wurde nicht der Fernseher eingeschaltet, und um acht mußten sie ins Bett, obwohl es draußen trotz Regen fast noch hell war.

Kaum waren sie in dem kleinen Zimmer, in dem Herr Wenz sonst seine Post erledigte oder ein Mittagsschläfchen hielt, allein, fing eine Mordskeilerei an.

Jürgen ging auf Thomas los, drückte ihn zu Boden und keuchte: »Konntest du nicht die Klappe halten? Du, mit deinen blöden Eiern! Hast du nicht gemerkt, wo's lang ging? Und im Auto wollte ich dir nur sagen, daß wir nachher nach Hause gehen sollten, aber du mußtest quengeln wie so ’n blödes Weib.« Er äffte seinen Bruder nach. »Laß mich, das ist mein Platz, geh auf deinen. Du Riesenesel, du!«

»Und du«, gab Thomas zurück, »du hast meine Torte zermanscht.«

»Es war meine.«

»Als du sie zermanscht hast, war’s meine.«

Nach einer Weile saßen sie keuchend auf dem Boden und dachten daran, daß die zwei da unten sich nun den Western im Fernsehen anguckten, den sie auch hatten sehen wollen.

Lautlos öffneten sie die Tür und schlichen auf allen vieren zum Treppenabsatz. Durch das Geländer konnten sie sehen, daß der Fernsehapparat nicht eingeschaltet war, dafür war etwas anderes im Gange.

»Du bist ungerecht, Maus«, sagte eben Herr Wenz. »Das alles kann dir genauso mit eigenen Kindern passieren. Es ist doch nichts geschehen, um Gottes willen! Du vergißt immer, daß es Jungen sind. Wenn wir nicht das Gefühl hätten, daß sie es bei uns besser haben würden, könnten wir sie ja gleich im Heim lassen, dann hätten wir das ganze Theater nicht anfangen dürfen.«

»Sie waren mir heute so fremd wie irgendwer«, sagte Frau Wenz. »Und wenn ich denke, daß Jürgen bald in die Pubertät kommt.«

»Was ist das?« fragte Thomas.

»Etwas, das alle kriegen«, flüsterte Jürgen. »Bei Jungen hat’s mit der Stimme zu tun, und die Mädchen kriegen dann ’nen Busen.«

». . . aus dem Haus«, sagte Frau Wenz eben, »aber ich, ich hab’ sie dann den ganzen Tag über. Ich hab’ den Ärger, wenn sie miteinander streiten, den Ärger mit der Schule. Paul, es sind nicht unsere Kinder, und du kannst nicht dieselben Anforderungen an ihre Intelligenz stellen, die wir bei unseren eigenen Kindern stellen würden.«

»Eben, darum mußt du nachsichtiger sein. Sie haben noch keine Gelegenheit gehabt, in einer Familie zusammenzuleben, sie kennen die Spielregeln nicht, darum müssen sie das alles erst lernen. Noch ist es nicht zu spät.«

»Und wenn sie es nicht lernen?«

»Komm«, flüsterte Jürgen. »Wir hauen ab.«

»Ganz?«

»Nee, nur ins Zimmer.«

Sie krochen auf allen vieren zurück, während unten die Diskussion weiterging.

»Verdammter Mist«, sagte Jürgen, als er die Tür hinter sich geschlossen hatte.

»Wieso?«

»Na, hast du nichts gemerkt?«

»Was?«

»Die überlegen, ob sie uns nehmen sollen oder nicht. Jetzt plötzlich überlegen sie.«

»Und wenn wir morgen alles so machen, wie sie es wollen?«

»Wird es nichts mehr helfen. Oder doch?«

Es fiel den beiden nicht einmal so schwer: Sie wuschen sich ordentlich, putzten die Zähne sorgfältig und kämmten sich sogar. Sie schoben beim Frühstück Herrn oder Frau Wenz die Zuckerdose zu oder reichten ihnen das Sahnekännchen. Sie taten alles so, wie sie es bei Wenzens gesehen hatten.

Sie sagten nicht nee und mhm, sondern danke oder bitte.

Ja, sie wußten schon, wie man sein mußte, damit die Erwachsenen zufrieden waren. Und als Jürgen seinen feuerroten Anorak mit der balkendicken Nummer 17 anzog, sagte Thomas zu Frau Wenz, daß ihm heute Jürgens Anorak nicht mehr so gut gefalle.

»Siehst du«, sagte Wenz zu seiner Frau, »der Lernprozeß setzt schon ein.«

Das gleiche Bravsein beim Mittagessen, »guten Appetit« und »bitte, ja« und »danke, nein«. Sie hätten im Zirkus auftreten können, so perfekt waren sie. Am Nachmittag fragten sie nicht, was es im Fernsehen gab, sondern heuchelten Begeisterung, als Frau Wenz mit einem Quartettspiel (immer vier verschiedene Hunde ergaben ein Quartett) anrückte. Es war sehr lehrreich, sie lernten, welche Hunderassen miteinander verwandt waren, und daß der Dackel kein Deutscher Schäferhund war. Sie erklärten sich sogar bereit, ›Mensch ärgere dich nicht!‹ zu spielen. Und so sehr man ihnen auch ihre Steine kurz vor dem Ziel wegschnappte, sie lächelten und zeigten von Ärger keine Spur. Ja, sie mogelten sogar ein bißchen, um Herrn oder Frau Wenz keinen Ärger zu bereiten.

Als sie abends bei der Heimfahrt, es regnete noch immer, an einer alten Kirche vorüberfuhren, fragte Jürgen, welchen Stil die Kirche eigentlich habe. Die Frage beglückte Herrn Wenz. Er bremste den Wagen ab und erklärte ausführlich, wieso Jürgens Frage so klug war. Die Kirche wies nämlich mehrere Bauabschnitte und daher auch mehrere Baustile auf. Romanisch hatten sie begonnen und mit Barock aufgehört. Und trotzdem sei es ein harmonisches Ganzes.

»Paul«, sagte Frau Wenz, »du gehst zu sehr ins Detail. Ich glaube, es genügt, wenn du romanisch, gotisch und barock sagst.«

Es war ein wortreicher Abschied. Die Sache schien gelaufen. Obwohl Werner wieder etwas von der Auflösung des Heimes gehört hatte, waren sie nicht beunruhigt. Sie hatten sich angestrengt und waren brav gewesen. Und Bravsein würde immer belohnt, hatte Schwester Mathilde einmal gesagt.

Beim Einschlafen nach dem täglichen Theater mit dem Verbarrikadieren der Tür wisperten und kicherten sie noch eine ganze Weile. Und wieder war Thomas der erste, der einschlief. Jürgen konnte ihm durchs Haar fahren, soviel er wollte, Thomas wachte nicht mehr auf.

Die nächste Woche verging schnell. In der Schule gab es

fast keinen Ärger, und als sie am Donnerstag mittag nach Hause kamen, hatten sie ein neues Mädchen in ihrer Gruppe. Sie hieß Susanne und sah entsetzlich aus. Dort, wo sie im Gesicht die Nase haben sollte, war nur ein rotes, kaum verheiltes Loch.

Die Brüder starrten gebannt auf das Mädchen, obwohl Schwester Mathilde sie bat, das sein zu lassen. Und dem dicken Heinz entfuhr die Frage: »Bei welchem Boxkampf ist denn die dazwischengeraten?«

»Scht«, machte Schwester Mathilde, und als das Mädchen hinausgegangen war, erzählte sie, daß Susannes Vater das Kind mit Holzprügeln, in denen glühende Nägel steckten, geschlagen habe, und daß die Ärzte versuchen würden, Susanne eine künstliche Nase zu machen. »Ihr ahnt nicht, was das Mädchen mitgemacht hat. Sie ist auch etwas zurückgeblieben, sie spricht wie ein kleines Kind, obwohl sie schon acht Jahre alt ist. Bitte, seid lieb zu ihr.«

»Und wer verprügelt den Vater?« fragte Jürgen.

Und da erfuhren sie es. Der Vater war zu vier Jahren Gefängnis verurteilt worden.

Thomas schüttelte sich und suchte Schwester Mathildes Hand. »Was wird das für 'ne Nase?« fragte er.

»Ich weiß es nicht, die Haut dazu wollen sie von ihrer Schulter nehmen.«

Am Nachmittag war der Klempner im Haus, in einer Duschwanne stand das Wasser. Als Susanne den Klempner sah, schrie sie wie am Spieß. Zwei Tage später wußten es alle. Susanne schrie immer wie am Spieß, wenn sie einen Mann sah. Nur bei Bernhard schrie sie nicht.

»Wahrscheinlich hält sie mich für einen Bären mit Brille«, sagte Bernhard und drehte sich wie ein Tanzbär.

Jürgen und Thomas hatten sich für den nächsten Sonntag eine Menge vorgenommen. Erstens durften sie nicht streiten, zweitens würde ihnen alles gefallen, was Wenzens schön fanden. Samstag mittag schlangen sie die Bratklopse, das Kartoffelpüree und den Salat hinunter, nur um sofort ins Besuchszimmer laufen zu können. Aber sie hatten schon lange das Apfelmus verdrückt, und noch immer wurden sie nicht gerufen. So gingen sie mit in den Hof, kickten ein bißchen, so wie man eben kicken kann, wenn man sich nicht schmutzig machen will. Neben dem Haus war ein Stück Mauer, dann kam ein Gittertor; immer, wenn sie einen Wagen kommen hörten, guckten sie durchs Gitter auf die Straße, aber es war nicht der Wagen von Herrn Wenz. Später mußten sie ihn einfach übersehen haben, denn Schwester Rosa rief sie ins Haus. Wie gewohnt wollten sie gleich ins Empfangszimmer rennen, aber Schwester Rosa hielt sie zurück. Sie lächelte und verriet, daß Herr und Frau Wenz Schwester Mathilde erst einmal allein sprechen wollten.

Die beiden begriffen. Sicherlich hatten sich Herr und Frau Wenz endlich entschlossen, und jetzt besprachen sie, wann Jürgen und Thomas zu ihnen ziehen sollten. Thomas begann zu hüpfen, und Jürgen stand an die Wand gelehnt und rieb sich die Hände.

»Jetzt kommen wir hier raus«, sagte er zu Schwester Rosa, die drinnen im Büro den Schreibtisch aufräumte und Schriftstücke abheftete.

»Jaja«, sagte Schwester Rosa. »Die einen gehen, die anderen kommen. Kaum hat man sich an sie gewöhnt, sind sie schon wieder weg. Manchmal ist man richtig traurig, wenn nette Kinder gehen.«

»Wir besuchen Sie«, versprach Thomas sofort.

»Du weißt ja nicht, ob du überhaupt nett bist.«

»Wir schon«, rief Thomas überzeugt.

»Haltet immer zusammen und streitet nicht«, riet ihnen Schwester Rosa. »Streiten hat keinen Sinn. Wenn ihr einmal so alt sein werdet wie ich, werdet ihr merken, daß es nie ein richtiger Grund war, weswegen ihr gestritten habt. Manchmal hat man ihn schon vergessen, wenn man zu streiten aufhört.« Schwester Rosa sah auf die Uhr. »Nun, die haben eine lange Besprechung. Frau Wenz ist eben sehr gewissenhaft. Sie will keinen Fehler machen.«

»Müssen wir dann Mutter zu Frau Wenz sagen?« fragte Thomas.

»Das kommt ganz drauf an, wie sie es haben will.«

»Eines weiß ich schon«, sagte Jürgen, »Küsserei gibt's bei mir nicht.«

»Na, warte erst mal ab.« Schwester Rosa war mit ihrer Arbeit fertig. Sie stellte das Telefon um und schloß die Tür von außen ab.

Die beiden warteten. Weiter unten im Gang stand die Tür zur Küche offen. Zwei Küchenmädchen unterhielten sich laut miteinander. Über Mietpreise und Schlafzimmereinrichtungen.

Dann, endlich, flog die Tür zum Besuchszimmer auf, und Schwester Mathilde stürzte heraus. Als die beiden sie ansprachen, schüttelte sie nur den Kopf. Und da merkte Jürgen, daß sie weinte. Im gleichen Moment ahnte er Böses. Ihm war, als hätte er auf einer Falltür gestanden, und die kippte langsam unter ihm weg. Im endlosen Fall rief er Thomas, und der Nachhall seines Schreis hing in der gewölbten Decke des Flures.

Thomas' Augen waren groß und verwundert.

»Was ist denn los?« fragte er, »was habt ihr denn auf einmal?«

Da stand Frau Wenz in der Tür des Besuchszimmers, sie öffnete den Mund und bewegte die Lippen. Erst viel später wußte Jürgen, daß dies geheißen hatte, sie sollten zu ihr ins Zimmer kommen.

Dann knarrten ihre Schritte auf dem frisch gewachsten Parkettboden. In der Mitte des Fußbodens war ein vierstrahliger Stern, eine Windrose, in dunklen und hellen Hölzern gelegt, die sich vom braunroten Holz des übrigen Fußbodens abhoben.

An einer Fensterscheibe summte eine Fliege, die unbedingt ins Freie wollte.

Herr Wenz räusperte sich und sah über die Jungen hinweg. Er hielt die Hände verschränkt wie in der Kirche.

»Also«, sagte Frau Wenz und befeuchtete ihre Lippen.

»Wir haben noch einmal gewissenhaft überlegt. Es wäre falsch von uns, würden wir euch keinen reinen Wein einschenken. Nach vielen, auch schlaflosen Stunden wissen wir, daß wir euch keinen Dienst erweisen würden, wenn wir ... würden wir, ich meine, ihr seid hier nun einmal zu Hause ... und ihr habt hier Menschen, die eigens für eine solche Aufgabe geschult sind. Ich bin, ehrlich gesagt, zu schwach für eine solche Aufgabe. Ich habe mich geprüft und geprüft, und ich glaube, wir fangen das Experiment gar nicht erst an. Es wäre für uns alle furchtbar, müßten wir es später abbrechen. So habt ihr das Ganze sicherlich schneller überwunden.«

»Da machen Sie sich keine Sorgen«, sagte Jürgen und biß die Zähne aufeinander. Er zog Thomas an sich, als habe er Angst, er könne etwas Falsches tun oder gar heulen, außerdem hatte er das Gefühl, er müsse ihn beschützen.

Herr Wenz wandte sich ab, dem Fenster zu, und betrachtete die Fliege, die noch immer hoffte, ins Freie zu gelangen.

»Ich weiß, du bist mir jetzt sicher böse, Jürgen«, sagte Frau Wenz.

»Ich? Im Gegenteil.«

»Aber wenn ihr größer seid, werdet ihr mir sicher dankbar sein.«

»Gewiß, Frau Wenz.«

»Glaub mir, es ist in eurem Interesse.«

»Jawohl, Frau Wenz.«

»Mach Schluß!« befahl Herr Wenz vom Fenster. »So grob geschichtet sind die nicht, daß sie nicht merken, daß du nur Ausreden gebrauchst.«

Einen Augenblick wußten weder Frau noch Herr Wenz, was sie tun sollten, dann sagte Herr Wenz mit abgewandtem Gesicht und tonloser Stimme: »Lebt wohl, Jungs.« Und draußen war er.

Frau Wenz stand noch unentschlossen, ließ ihre Handtasche auf- und zuschnappen, biß sich in die Unterlippe und ging schließlich wortlos. Draußen, das konnten sie sehen, kam sie zu spät, um in die Luxuskutsche zu steigen. Herr Wenz fuhr an, daß die Reifen quietschten.

Thomas grinste schadenfroh und sagte: »Jetzt steht sie schön blöd da.«

Da riß ihm ein knallendes Geräusch den Kopf zur Seite, seine linke Wange begann teuflisch zu brennen, erst ein wenig später begriff er, daß dies eine Ohrfeige von Jürgen gewesen war. Und er begriff auch, was Jürgen geschrien hatte.

»Idiot, nicht sie, wir stehen schön blöd da.«

Bevor Thomas zurückschlagen konnte, warf Jürgen schon die Pelargonienstöcke vorm Fenster auf die Straße, und dann stürzte er auf den Gang, dort befand sich gegenüber der Pforte eine Art Wintergarten, den die Schwestern sorgsam betreuten. Wenig später war hier nur ein Haufen Scherben, aufgewühlte Erde, geknickte Stämmchen, zerquetschte Blätter und abgebrochene Blüten.

Schwester Mathilde kam als erste angerannt, gerade in dem Augenblick, als Jürgen den Philodendron auf die Steinplatten knallte. Sie wollte die Hand auf Jürgens Schulter legen und ihn trösten. Aber er stieß sie von sich, daß sie gegen die Wand flog. Dann rannte er hinauf und verrammelte die Tür, wie er es bei Werner gesehen hatte.

Bernhard mußte lange reden, bis Jürgen ihm öffnete.

Aktenauszug Jürgen Limp

Eine Zeitlang hatte Jürgen wie auch sein Bruder Thomas einen vom Heim als gut beurteilten Kontakt zu einem jüngeren kinderlosen Ehepaar. Die Brüder verbrachten mehrere Wochenenden bei diesen Leuten, was sie zu großen Erwartungen veranlaßte. Als sich das junge Ehepaar zu einer Annahme der Kinder nicht entschließen konnte, weil ihm die Intelligenz der beiden nicht ausreichend erschien (wir befürchteten einen zu großen Leistungsdruck auf die Kinder), waren die beiden sehr enttäuscht. Die Leistungen in der Schule sanken rapide ab. Jürgen zeigte destruktive Tendenzen. Er war über Tage hin nicht ansprechbar.

Auf der Suche II

Der Tankwart an der Tankstelle war beschäftigt. Er putzte einer Kundin die Windschutzscheibe, während das Superbenzin in den Tank lief. Die Fahrerin, sie trug einen Pelzmantel, stand daneben und guckte dem Tankwart bei seiner Arbeit zu. Sie konnte das gut. Sicher hatte sie es von Kind auf gelernt.

Zunächst war Jürgen zusammengezuckt, als er die Frau sah. Der Größe nach hätte es die Güters sein können. Aber dann hatte er nur nach dem Mund gesehen. Und diese Frau hatte einen großen Mund mit kräftig geschwungenen Lippen, die nur nachgezogen waren, kein bißchen darüber hinausgemalt. Die Güters hatte ein Knopfloch von einem Mund. Zwei kurze Endchen Bindfaden übereinander, und das, obwohl sie ihren Lippenstift kräftig in die bloße Haut hineinschmierte. Es nützte nichts.

Er konnte sich nicht erinnern, wie die Güters aß. Aber es mußten verdammt kleine Stückchen sein, die sie durch diesen Münzschlitz hineinbekam. Dabei hatte sie einen Blick wie ein hungriger Seeadler, der nach Beute Ausschau hält.

Er wußte, wie Seeadler dreinschauen, wenn ihnen nach Fischen zumute ist, er hatte es im Fernsehen gesehen. ›Welt der Tiere‹ oder ›Paradiese der Tiere‹ oder wie die Sendung geheißen hatte.

Jürgen schüttelte sich. Nein, er mußte sich konzentrieren. Die Güters waren verdammt nah, Petronilla und Clarissa, die schafgesichtigen Töchter. Und vielleicht auch Herr Güters, der in seiner Güte an die sechs Flaschen Bier pro Abend leer machte. Sie, die Güters, hatte das selbst erzählt.

Jetzt mußte er rechts einbiegen. Pusteblumenweg hieß es da, und neben dem Gehsteig liefen niedere Mauern und dahinter waren Sträucher. Nur ein paar hatten noch

Blätter an den Zweigen, verschrumpelt und mit toten Farben.

Und da fiel ihm Irma ein. Die einzige, die ihn verstanden hatte. Die einzige, die er alles fragen konnte, und die ihm alles, was sie selber wußte, sagte. Er konnte den Arm um sie legen und sie an sich drücken, und sie tätschelte seine Wange oder fuhr ihm übers Haar. Und da war nichts Böses. Was hatte er für ein Zeugnis gehabt, als sie da war! Und dann war dieser furchtbare Tag gewesen, als sie nicht zum Dienst kam. Und keiner wußte, wo sie war. Und dann hieß es, sie sei nur leicht verletzt. Und plötzlich sagte Bernhard, der große gutmütige Bernhard mit Tränen in den Augen, sie sei tot. Sie käme nicht mehr. Ein Blutgerinnsel im Hirn. Irgendein Blutgerinnsel im Hirn, die verdammten Ärzte hatten es übersehen. Sie hatte über keine Schmerzen im Kopf geklagt. Und als sie bewußtlos wurde, da war es zu spät.

Nein, er war noch nicht alt. Aber so viel wußte er schon: Nur die netten Leute starben, immer die, an die man sich gerade gewöhnt hatte, die man mochte oder für die man noch mehr übrig hatte. Die anderen, Leute wie die Güters oder wie die Wenzens, die wurden alt.

Genauso war es mit Herrn Bröl in der Schule. Nach den Ferien war er nicht wiedergekommen. Er war nicht eingestellt worden, verbeamtet, hieß das wohl. Irgendwann einmal sollte er angeblich bei einer Demonstration mitgelaufen sein, und außerdem hätte er mal dieses oder jenes gesagt. Ihm, Jürgen, hatte er nur eines immer wieder gesagt: ›Jürgen, du schaffst es. Jürgen, du mußt kein Arzt werden, du mußt auch kein Lehrer werden, aber du wirst irgendeiner, der Dinge reparieren kann. Solche Leute wird man immer mehr brauchen, die kann man nicht feuern und auf die Straße setzen, für die kriegt man keine kleinen Maschinchen, die dann die Arbeit machen, ohne zu denken, immer schön Maul zu . . .‹

»Birkenweg« stand auf dem Straßenschild. Eine ältere Frau kam ihm mit einem Dackel entgegen, dessen Wanst fast über den Boden schleifte. Er verkniff sich, die Frau nach »Am Wäldchen« zu fragen. Er hatte immer noch Zeit.

Die Häuser übrigens, die Häuser hinter den Mauern und Hecken, waren nicht übel. Solch ein Haus hatte wohl Vater im Sinn, wenn er wieder mal von Montage kam. Immer wollte er dann ein Haus bauen. Er hatte meist auch eine neue Frau dazu, eine neue Mama. Er beschrieb sie ganz genau: ihren Hintern, ihre Hüften, ihren Busen und ihr Sparbuch. Denn ein bißchen was auf der hohen Kante hatte sie. Vater starrte angewidert auf die kleinen Bierpfützchen auf der Tischplatte in der Kneipe und sagte: »So was gibt's bei der nicht. Da wird der Tisch abgewischt. Und die badet auch jeden zweiten Tag. Ja, du! Das hat sie mir selbst gesagt. So sauber ist die. Und Kinder mag sie auch, ihr werdet es gut bei ihr haben.«

Ihr, sagte er. Immer ihr. Dabei waren sie längst nicht mehr zusammen. Drei Jahre schon nicht mehr. Thomas war weg. Mindestens drei Jahre hatte er ihn nicht gesehen, außer damals . . .

Jetzt sah Jürgen das nächste Straßenschild. Er konnte es noch nicht lesen, aber der Name fing mit einem großen A an, und ein paar Schritte weiter erkannte er, daß da noch ein großes W war. »Am Wäldchen« also. Saubere Gegend. Alles bestens! Weit und breit keine Müllverbrennungsanlage, kein Kinderheim, kein Altersheim, kein Friedhof. Nur Angenehmes ringsum. *Tennisclub Schwarz-Weiß* und *Marina*, das Privatbad mit geheiztem Schwimmbekken, römischem Dampfbad, Gemeinschaftssauna, Gletscher- und Höhensonne. Massage, Kosmetik, Maniküre, Friseur.

Und da, direkt neben dem Gartenpförtchen von Dr. Elfriede Jantzen, Kleintierpraxis, Montag bis Freitag von 9 bis 12 und 15 bis 17 Uhr, war »Am Wäldchen«, Nummer 14.

Jürgen ging schnell am Haus vorüber, bei Nummer achtzehn schräg über die Straße und stellte sich hinter die nächste Ecke. Da konnte man ihn von Nr. 14 aus kaum sehen. Er hingegen sah das Haus durch die laublosen Zweige sehr gut.

Seltsam. Jetzt, wo er da war, am Ziel, wußte er nicht, was er eigentlich hier wollte. Sollte er warten, bis jemand herauskam? Die Güters mit dem Münzschlitz im Gesicht oder irgendeines ihrer Schafsgesichter von Töchtern? Oder der Herr des Hauses mit dem Gang einer hochschwangeren Bergente?

Oder?

Er konnte ja einfach hineingehen, im Hechtsprung über das Mäuerchen, und wenn sie die Tür öffneten, war er wie ein Kugelblitz im Haus. Dann galt es die Verwirrung auszunützen und mit Thomas abzuhauen. Nichts wie weg.

Es würde bald dunkel werden, stellte er fest, nachdem er den Himmel geprüft hatte. Die Wolken hingen tief. Verflucht, sagte er lautlos. Es genügte, wenn er wußte, daß er fluchte. Er hätte irgendwo unterwegs ein paar Brötchen kaufen sollen, ein paar Drops vielleicht und eine Büchse Cola. Jetzt stand er da und hatte nichts zu beißen und zu trinken, während in den Häusern ringsum aufgetischt wurde. Magerer Schinken, hauchdünne Salami, Gewürzgürkchen, die so klein waren, daß sie 'nen französischen Namen hatten. Und jede Menge Käse, fünf, sechs Sorten. Brot in allen Ausführungen. Und Wurst und Schinken nahm man nur mit der zweizinkigen Gabel, die bereitlag, nicht mit der eigenen, und schon gar nicht mit den Fingern. Je schwieriger, desto besser. Im Heim rasselten sie ein Gebet herunter, und dann hieß es, auf die Plätze, fertig, los.

Ob sie die Polizei schon verständigt hatten? Heute war er ja schlauer gewesen. Er war nicht zunächst in die Schule gegangen und dann abgehauen. Er war sofort los. Mit dem Zug um 8 Uhr 13. Und er hatte keinem gesagt, daß er Thomas' Anschrift herausbekommen hatte. Niemandem, nicht einmal Heinz.

Und wie, wenn die Schule sofort im Heim nachgefragt hätte? Dem Buntspecht war das zuzutrauen.

Nein, er wollte nicht hier stehen bis in alle Ewigkeit und ohne Verpflegung. In diesem Viertel mußte es ja irgendwo ein kleines Lädchen geben, wo man Brötchen und Wurst bekam.

Er ging zurück, entdeckte hinter einem Fenster im Haus 14 Licht. Licht hinter einem blaßgrünen Stoffschirm, und fand zwei Querstraßen weiter einen kleinen Platz. Eine Kirche, eine Sparkassenfiliale, ein Metzgerladen und ein Kaufladen. Der Eissalon war geschlossen. In der Mitte des Platzes ein Brunnen mit einer Bronzefigur. Ein Mädchen mit einer Flöte. Darunter ein Schild *Kein Trinkwasser! Verunreinigung verboten!* Ziemlich sinnlos, denn das Wasser war abgedreht, und in das Becken, in dem Busfahrscheine und Zigarettenpackungen lagen, fiel nur ganz leicht der Nieselregen.

Familie Güters

Jetzt war es entschieden. Das Heim war nicht mehr zu halten. Ende des Jahres würden die Schwestern wegziehen. Niemand wußte noch so recht, wohin die Kinder sollten. Schwester Mathilde, die die Gruppe mit Jürgen und Thomas leitete, wurde noch schmaler, ihr Gesicht beinahe zu klein für die Brille. Wenn die Gruppe am Nachmittag ihre Schulaufgaben machte, stand Schwester Mathilde zuweilen am Fenster und betete, ohne daß es die Kinder merken sollten.

Daran dachte Jürgen, als er jetzt im Bett lag. Er zupfte Thomas an den Haaren.

Aber Thomas tat, als ob er schliefe. Jürgen spürte, daß Thomas wach war. Entweder fühlte er es am Haar, oder es war, wie Thomas atmete, oder er wußte es einfach, weil er sein Bruder war.

»Warum sagst du nichts?« fragte Jürgen leise. »Ich weiß, daß du wach bist. Hm?«

Thomas rührte sich noch immer nicht.

Jetzt hielt ihm Jürgen die Nase zu.

»Was ist?« flüsterte Thomas.

»Warum rührst du dich nicht?« fragte Jürgen.

»Ich glaube, ich werd' gleich weinen.«

»Blödsinn, laß das. Wir müssen ganz was anderes tun. Ich will die Mark wiederhaben.«

»Welche Mark?«

»Die ich in den Opferstock in unserer Kapelle gelegt habe.«

»Und warum?«

»Weil ich Gott gebeten habe, er soll machen, daß wir zu den Wenzens kommen und daß das Heim nicht geschlossen wird.«

Thomas war nicht überrascht.

»Und wie kriegst du die Mark dort wieder raus?« fragte er.

»Das lass' nur meine Sorge sein.«

Thomas schlug vor, die Mark für ein anderes Anliegen drinnen zu lassen.

»Wofür denn?«

»Na, für andere Eltern zum Beispiel. Nicht für so feine wie die Wenzens, mehr vernünftigere Leute. Handwerker zum Beispiel. Einen Tischler, da gäb es eine riesige Werkstatt, und Klötze fielen jede Menge ab. Und mit der Schule gäbe es auch keine Schwierigkeiten. Bei einem Tischler wäre ein Fünfer keine Katastrophe. Er nähme einen in die Lehre, und damit hätte es sich.«

Tischler wäre nicht übel, meinte Jürgen. Tischler hatten auch meist ein Auto. Einen Kombi oder einen Lieferwagen. Dann mußten sie selbst auch nicht so aufs Auto achten wie auf die Luxuskutsche von Herrn Wenz. Und bei Tisch ging es wohl gemütlicher zu als bei Wenz. Vielleicht hatten sie Hühner, dann gäbe es jede Menge Eier.

Schon zwei Tage später sprach sie Schwester Mathilde auf dem Korridor an. »Jemand will euch kennenlernen. Macht euch bitte nicht zu große Hoffnungen, aber sie kamen von selbst auf mich zu.«

»Ein Tischler?« fragte Thomas.

»Nein, wieso kommst du ausgerechnet auf Tischler?«

»Nur so«, sagte Jürgen, »aber einen Architekten wollen wir nicht mehr.«

»Nein, er ist, Moment, was war er nur? Industriekaufmann! Jawohl, er hat eine Werkzeugmaschinenvertretung. Sie haben schon zwei Töchter.«

»Mädchen?« fragte Thomas.

Schwester Mathilde lachte seit langem wieder einmal. »Ja, Töchter sind meistens Mädchen.«

»Ach . . .«, sagte Jürgen, »wenn sie vernünftig sind . . . Wie alt?«

»Keine Ahnung, so um die zehn herum.«

Jürgen hätte sie gerne ein bißchen jünger gehabt. So um die zehn herum wurden die Mädchen schwierig. Sie begannen, die Köpfe zusammenzustecken und zu kichern. Und wenn man sie fragte, warum sie kicherten, wurden sie frech.

»Aber macht euch keine zu großen Hoffnungen«, wiederholte Schwester Mathilde. »Denkt, die Entscheidung liegt bei euch und nicht bei den anderen.«

Am Samstag war sie dann da, die Familie Güters. Er, Emil Güters, hatte schon eine ziemliche Glatze und große, abstehende Ohren. Aber so viel Haare, daß er die Ohren hätte verstecken können, gab es wohl gar nicht. Er lachte laut und quetschte ihre Hände wie ein Schraubstock. Die Frau hatte die rechte Augenbraue hochgezogen, das gab ihr einen forschenden Ausdruck.

»Ich bin gelernte Pädagogin«, sagte sie, »und suche eine Aufgabe.« Sie musterte die Brüder, als könnten sie diese Aufgabe sein.

Die Mädchen standen die ganze Zeit im Hintergrund und kicherten. Jürgen hätte der Jüngeren am liebsten eine geklebt. Aber wenn er überhaupt je dazu kam, mußte er wohl warten, bis er ihr Bruder war.

»Was hast du für Interessen?« fragte Frau Güters Jürgen.

»Interessen«, sagte Jürgen gedehnt. »Ich bin mehr fürs Technische. Nicht Kunst und so. Das heißt, zeichnen tu ich ganz gern, aber . . .«

»Er ist praktisch der Walt Disney unseres Heimes«, beeilte sich Schwester Mathilde zu sagen, »er malt unseren Kleinen Mickymäuse und diese Ente, wie heißt sie noch?«

»Donald Duck.«

»Und der Kleine?«

Thomas strahlte zunächst Frau Güters an. »Ich wäre gern zu einem Tischler gekommen wegen Bauklötzchen und so und überhaupt . . .«

»Würdet ihr gerne ein Instrument spielen?«

»Wenn es nicht zu schwer ist«, sagte Jürgen.

»Und welches?«

»Wenn schon, dann Gitarre.«

»Und du, Kleiner?«

»Orgel«, sagte Thomas, obwohl er sich noch nie dahingehend geäußert hatte.

»Wie kommst du auf Orgel?«

»Weil es schön klingt.«

Dann mußten sie zusammen mit den Mädchen das Zimmer verlassen. »Unterhaltet euch ein bißchen draußen«, schlug Frau Güters vor.

»Wir haben einen hübschen Garten«, sagte Schwester Mathilde, »zeigt ihn euren Gästen.«

›Euren Gästen!‹ dachte Jürgen. ›Gäste hat man doch wenigstens selber eingeladen.‹

Die Mädchen tuschelten, warfen schnelle Blicke auf die beiden Brüder und fingen wieder an zu kichern.

»Hej«, rief Jürgen, »ich möchte auch lachen. Was ist denn hier so lustig?« Die Mädchen hörten sofort zu lachen auf und hoben hochmütig das Kinn.

»Ach so, ihr wollt nicht. Dann laßt es eben bleiben.«

Thomas machte es anders. »Sucht eure Mutter ausgesprochen Jungen? Oder will sie einfach nur zwei Kinder dazu?«

»Nein«, sagte die Kleinere. »Die sucht schon Jungens.«

»Und warum?«

»Weil zwei gestorben sind.«

»Oh, wie alt waren sie denn?«

»Eigentlich gar nicht alt, sie sind schon tot auf die Welt gekommen, viel zu früh.«

»Frühgeburten also«, sagte Jürgen fachmännisch.

»Ja. Und der Arzt hatte es ihr verboten.«

»Was denn?«

»Das Kinderkriegen. Es hat etwas mit dem Rhesusfaktor zu tun.«

»Aha«, sagte Jürgen, obwohl er keine Ahnung hatte.

»Und eure Eltern?«

Einen Moment lang Totenstille. Dann sagte Jürgen: »Unser Vater ist ewig auf Montage.«

»Und eure Mutter?«

»Tot«, sagte Thomas und tat so, als müsse er sich die Augen wischen.

»Unsinn!« Am liebsten hätte Jürgen Thomas eine geklebt. »Nein, es war nur eine unglückliche Liebe.«

»Waren sie am Ende nicht verheiratet?« fragte die Ältere.

»Doch, das schon, aber die Eltern brachten sie wieder auseinander. So war das. Der Kleine weiß das nicht so. Sie mußte zurück zu den Eltern, und die haben sie dann wieder verheiratet. Aber den anderen Mann liebt sie nicht . . .« Jürgen hätte noch lange erzählen können. Es war ein Fernsehspiel, das er vor einigen Wochen gesehen hatte, mit Werner übrigens. Er ahnte nicht, daß Werner sie belauschte.

Die Mädchen waren beeindruckt.

»Ich heiße Clarissa«, sagte die Ältere.

»Und ich Petronilla.«

Werner schlich ins Haus. Er ging auf Zehenspitzen durch den Flur. Als er beim Besuchszimmer vorüberkam, hörte er Stimmen. Er merkte, daß die Tür einen Spalt offenstand. Welch ein Glück, daß sie immer wieder aufsprang. Er schlich näher, bückte sich und tat, als müsse er eine neue Schleife im Schnürsenkel binden.

Frau Güters begann gerade: »Ja, Schwester, die Jungen machen einen ganz ordentlichen Eindruck, nicht wahr, Emil? Was uns aber interessieren würde, wäre ihre Herkunft.«

Schwester Mathilde mußte sich räuspern. »Um es gleich vorwegzunehmen, es sind keine mißhandelten und gequälten Kinder. Sie sind sehr anhänglich, und sie hängen auch sehr aneinander. Manchmal läuft der Kleine dem Großen nach, und dann ist es wieder umgekehrt. Natürlich muß der Große den Gleichaltrigen gegenüber gelegentlich zeigen, daß er schon jemand ist, und da muß ihn der Kleine sehr bitten, bis er mitspielen darf.«

»Die Eltern, bitte, Schwester.«

»Nun die Eltern«, fuhr Schwester Mathilde fort. »Sie

waren beide noch viel zu jung, um Kinder zu bekommen. Die Mutter war noch nicht siebzehn, der Vater knapp über achtzehn, als Jürgen auf die Welt kam. Ehelich übrigens. Sie hatten knapp zuvor geheiratet. Schon ein Jahr später, viel zu früh wiederum, kam Thomas auf die Welt. Und das wäre wohl so weitergegangen, wäre der Vater nicht straffällig geworden.«

»Was hat er angestellt?« wollte Güters wissen.

»Herr Limp, das ist der Vater, sollte bei einem Einbruch Schmiere stehen. Ich glaube noch immer, er wußte gar nicht, worauf er sich da einließ. Angeblich hatten ihm die anderen erzählt, sie wollten jemanden überraschen und er solle achtgeben, daß niemand komme. Und jetzt stolpert er immer wieder in solche Dinge hinein, sobald er draußen ist. Ich glaube, er brauchte eine etwas reifere Frau, die ihn ein bißchen an die Kandare nimmt. Er wäre sicherlich ein ganz guter Familienvater, aber so . . .«

»Wird er Schwierigkeiten machen, falls wir die Kinder adoptieren wollen?«

»Nein, er sieht ein, daß es das beste für die Kinder wäre. Er weiß, daß er kein gutes Vorbild ist.«

»Und die Mutter?«

»Nun ja, die Mutter war bei ihrer Jugend einfach überfordert, zwei Kinder allein durchzubringen. Kurz nach Jürgens zweitem Geburtstag ist sie dann fort. Die Kinder waren also zwei und ein Jahr alt, als sie elternlos wurden. Zunächst hat eine Großtante oder Urgroßtante für sie gesorgt, aber die Frau war zu alt, sie leidet unter Gelenkrheumatismus, und da kam sie eines Tages mit den Kindern zu uns. Sie waren hier nie Problemkinder.«

»Was macht die Mutter jetzt?«

Werner tupfte jetzt ganz leicht an die Tür, die nach innen aufging.

»Sie soll im Frankfurter Flughafen im Reinigungsdienst arbeiten«, antwortete Schwester Mathilde. »Sie lebt mit einem Italiener, der dort Kellner ist, zusammen. Sie hat auch mit ihm zwei Kinder. Für diese Kinder sorgt sie recht ordentlich. Im Hintergrund ist irgendwo eine italienische Oma.«

»Die Italiener sehen sehr auf Familie«, sagte Herr Güters.

»Und sie lieben ihre Kinder«, bestätigte Schwester Mathilde, »für sie ist ein Kind noch immer etwas Heiliges.«

»Das ist es ja auch für uns, nicht wahr, Emil?«

»Ja, das wollte ich damit sagen.«

Frau Güters sagte nun, daß es ein schwerer Entschluß sei und daß nichts übereilt werden dürfe. Gerade im Hinblick auf das Herkommen der beiden, für das die Kinder ja nichts könnten. »Aber der Vater scheint ja doch sehr problematisch zu sein. Mehrfach vorbestraft. Ein Mensch auf der schiefen Ebene. Gewiß, man sollte den Kindern nicht die Schuld der Eltern anlasten, aber schließlich wolle man die beiden auf Dauer nehmen und nicht für ein paar Tage. Ob die Schwester nicht auch fand, daß der Kleine mit seinen blonden Locken ihren Töchtern beinahe etwas ähnlich sähe?«

»Kinder haben oft Ähnlichkeiten«, fand Schwester Mathilde. Sie habe das immer wieder beobachtet.

»Und irgendwelche kriminellen Züge haben sich bei den Jungen noch nicht gezeigt?« fragte der Mann.

»Nein, durchaus nicht.« Jürgen sei zwar der etwas impulsivere. Der könne manchmal richtig hochgehen, aber das gäbe es auch bei Kindern aus den besten Familien. Ja, da müsse sie noch etwas anfügen, aber das dürfe man nicht überbewerten, weil Jürgen damals maßlos enttäuscht worden sei. Schwester Mathilde erzählte von der Hinschlachtung der Blumentöpfe und Blattpflanzen. Und sie brachte dafür Verständnis auf, man hatte den Jungen große Hoffnungen gemacht, und genau an dem Tag, an dem die endgültige Entscheidung für sie fallen sollte, entschied sich die Frau anders. Der Mann habe sich hinterher bei ihr, Schwester Mathilde, entschuldigt.

»Aber es waren doch Ihre Blumen, und Sie hatten den

Jungen nichts getan. Ich finde das bedenklich; was meinst du, Emil?«

Werner hörte, wie sich Herr Güters verlegen räusperte. ›Sieh an‹, dachte er, ›der steht unter dem Pantoffel. Der darf nicht, wie er will.‹ Das war neu für ihn.

»Aber die Blumentöpfe waren erreichbar, sie waren das Nächstbeste, was ihm in die Hände fiel«, sagte Schwester Mathilde; sie bereute wohl schon, diese Geschichte erzählt zu haben. »Sie müssen sich vorstellen, die Leute hatten bereits die Mansarde für die beiden ausgebaut, die Kinder haben das gesehen. Es war eine hundertprozentig sichere Sache für sie. Und dann diese Abfuhr.«

»Das ist gewiß eine ganz außergewöhnliche Situation, Liane«, sagte Herr Güters jetzt. »Das war sicher eine maßlose Enttäuschung. Angenommen, ich bringe einen Riesenauftrag, habe alle möglichen Zusicherungen, und in letzter Sekunde zerschlägt sich das Geschäft, na, hab' ich da nicht auch schon mal was auf den Boden geschmissen? Denk nur, als die damals nicht die Blechpressen bestellten.«

»Das ist etwas ganz anderes«, sagte Frau Güters. »Sie müssen wissen, Schwester, es ging um ein Millionengeschäft.«

»Für Jürgen war es das ungefähr auch«, sagte Schwester Mathilde. »Vielleicht dachte er, daß dies die letzte Chance für ihn war. Für ihn und seinen Bruder. Die Kinder spüren das sehr genau.«

»Wir gucken sie uns an, Schwester.« Güters tätschelte einen Moment den Handrücken von Schwester Mathilde, bis er merkte, daß seine Frau ihn mißbilligend musterte.

Schwester Mathilde lächelte. Werner konnte es sehen. Er sah es durch die kleinfingerbreite Öffnung der Tür. ›Arme Haut‹, dachte Werner. ›Sie lacht und merkt nicht, daß der Mann nichts zu melden hat. Sie merkt es einfach nicht, das arme Würmchen . . .‹ Leise schlich Werner davon.

Die Annäherungsversuche an die Familie Güters wurden durch die beiden Töchter zugleich erleichtert und erschwert. Einmal waren die Mädchen nett, fanden die möglichen späteren Brüder prima, besonders, als Jürgen Clarissas Fahrradkette wieder in Ordnung brachte, ein anderes Mal taten sie abweisend und ließen die Brüder fühlen, daß nicht nur Mutter und Vater, sondern auch sie mitzuentscheiden hätten.

Petronilla, die jüngere, fand noch eine dritte Sportart heraus, nämlich die Brüder gegeneinander aufzuhetzen. Hatte sie ihr Ziel erreicht, und die zwei gingen aufeinander los, meldete sie der Mutter mit einem Seufzer: »Die prügeln sich schon wieder!«

Ihr war wohl nicht klar, daß sie mit diesen Intrigen Schicksal spielte. Oder wußte sie es doch? Jedenfalls freute sie sich, daß die Jungen immer wieder in die Falle stolperten, die sie ihnen aufstellte.

Sie brauchte zum Beispiel nur zu Jürgen zu sagen: »Dein kleiner Bruder steckt dich in die Tasche. Das sieht man auf den ersten Blick.« Und zu Thomas: »Du hast ja Schiß vor deinem großen Bruder. Du zitterst ja, wenn er nur um die Ecke biegt.«

Und schon war wieder die schönste Keilerei im Gange, und Frau Güters mußte denken, daß es besser wäre, die beiden kämen zunächst für eine Zeit auseinander. Außerdem hatten alle Leute in der Umgebung, als sie mal mit Thomas einholen war, gesagt: »Was haben Sie da bloß für einen hübschen Jungen!«

Jürgen hatte schon Pickel im Gesicht, seine Stimme brach, sein Haar war etwas wirr, und soweit sie sehen konnte, kämmte er es nur mit auseinandergespreizten Fingern. Thomas war gewiß der Fügsamere, ihn würde sie noch formen können, und er würde auch ihre Töchter nicht verprügeln. Langsam begann Frau Güters, bei ihrem Mann Stimmung gegen Jürgen zu machen.

»Wenn nur Jürgen so wie Thomas wäre«, sagte sie,

als sie die Jungen wieder mal ins Heim zurückgebracht hatten.

»Ich weiß nicht, was du hast«, brummte Güters am Lenkrad. »Ich kann ganz gut mit ihm. Er fragt mich eine Menge, aber er fragt nicht dumm. Er ist interessiert. Ich kann mit dem Kleinen nichts anfangen. Der scharwenzelt bloß um euch Weiber herum.«

»Ich mag Jürgen auch nicht«, sagte Petronilla.

»Warum?« fragte der Vater.

»Weiß nicht. Er guckt immer so.«

»Wie guckt er?« Frau Güters witterte Unsittliches.

Petronilla schwieg.

»Nun sag's doch! Hat er dich angerührt?« Frau Güters kletterte fast zu ihrer Tochter auf den Rücksitz.

»Nein. Er guckt nur so.«

»Du mußt doch sagen können, wie!« brüllte nun Güters.

»Als ob . . . als ob er mir . . .«

»Als ob er dir was?«

»Als ob er mir eine runterhauen möchte.«

»Siehst du, Emil«, schrie Frau Güters beinahe. »Ich wußte es ja: Der Junge ist jähzornig. Dauernd schlägt er den Kleinen.«

»Ich weiß auch warum«, sagte Clarissa.

»Und warum?« fragte Güters.

»Weil Petronilla . . .«

»Halt die Klappe!« rief Petronilla.

»Weil Petronilla die beiden . . .«

»Du sollst die Klappe halten!«

»Weil Petronilla die beiden gegeneinander aufhetzt. – Au!«

»Petronilla, du läßt sofort Clarissas Haare los. Aber ganz schnell.«

»Stimmt das?« wollte Güters wissen.

»Selbstverständlich stimmt es«, sagte Clarissa. »Sie hackt so lange auf Jürgen herum, hetzt ihn gegen den Kleinen auf und den Kleinen gegen ihn, bis es kracht.

Dann rennt sie zu Mama und seufzt über den bösen Jürgen.«

»Klappe!« schrie Petronilla.

»Das kann ich einfach nicht glauben«, sagte Frau Güters.

»Ist aber so, auch wenn du es nicht glaubst«, rief Clarissa. »Ich mag Jürgen lieber, weil er ehrlicher ist. Der macht euch nichts vor. Der ist, wie er ist. Aber der Kleine, der ist raffiniert, der spielt euch den lieben kleinen Jungen vor, den ihr haben wollt.«

»Ach, du bist bloß in Jürgen verliebt!« rief Petronilla.

»Quatsch nicht so dusselig. Wenn er mein Bruder werden soll.«

»Das ist noch nicht raus!« rief Frau Güters schnell. »Wir haben uns überhaupt noch nicht entschieden. Wir entscheiden uns erst, nachdem wir sie uns nochmals genau angesehen haben.«

Als die Jungen das nächste Mal abgeholt wurden, hatten Güters Besuch. Ein sonnengebräunter Mann, dessen Haare grau wurden. Herr Meier-Odenwald, ein Geschäftsfreund von Güters. Jürgen mochte ihn von Anfang an nicht, weil der Mann unter dem Vorwand, mit den Kindern zu spielen, an den Mädchen herumtappste. Später machte er noch eine Entdeckung, und da zog er sich auf eine Steinbank unter einer Trauerweide zurück. Hier fand ihn Clarissa.

»Da bist du«, rief sie. »Ich suche und suche, und du verkriechst dich hier. Du machst es ganz falsch. Du mußt dich bei meiner Mutter einschmeicheln. So wie Thomas.«

»Deine Mutter!« brummte er.

»Magst du sie nicht?«

Er machte eine wegwerfende Handbewegung. »Deinen Vater mag ich ganz gern.«

»Und warum nicht Mama?«

»Sie mag mich ja auch nicht.«

»Weil du es falsch anstellst.«

»Ach, und außerdem . . .«

»Was außerdem?«

»Das sag' ich nicht.«

»Dann laß es eben sein. Wahrscheinlich weißt du sowieso nichts.«

»Doch.«

»Dann sag's!«

Er schüttelte den Kopf, aber nach einer Weile rückte er damit heraus. »Es war vorhin«, begann er. »Vorhin, als dein Vater zum Eissalon gefahren ist, um Eis zu holen.« Da sei er, Jürgen, ins Haus. Er wollte eigentlich nur aufs Klo. Nun ja, als er vom Wohnzimmer in den Zwischenflur kam, da waren sie.

»Wer?«

»Meier-Odenwald und deine Mutter.«

»Und?«

»Sie küßten sich. Er war mit der Hand in ihrer Bluse.«

Clarissa fuhr hoch und starrte ihn an. Sie schien zu überlegen, ob das, was er sagte, stimmen könne. Sie war sehr blaß. Ganz plötzlich wurde sie rot und schrie: »Du Lügner, du Schwein, das stimmt nicht!«

Er wollte sie beruhigen, ihr den Mund zuhalten, aber weil sie immer lauter schrie, gab er ihr zwei Ohrfeigen, vielleicht auch vier. Er wußte es nicht. Jedenfalls war es ein Mordstheater. Petronilla kam und ging auf ihn los, so daß er ihr auch ein paar langen mußte, und dann war Meier-Odenwald da und brüllte: »Du Dreckskerl, dahergelaufenes Verbrechergesindel!«

Und dann lag Meier-Odenwald plötzlich im Sumpfbeet zwischen Sibirischer Iris und Rohrkolben, sein weißes Hemd, seine cremefarbene Hose waren vom moorigen Wasser schwarz besudelt.

Güters brachte die Jungen ins Heim zurück, als hätten sie eine ansteckende Krankheit, und er fürchtete, sich bei ihnen anzustecken.

Schwester Mathilde wurde bleich, als Güters ihr berichtete, was geschehen war. Jürgen hatte ein Brausen in den

Ohren und verstand nur Satzfetzen, wie *blutig geschlagen* und *Sumpfbeet* und *vollkommen grundlos* und *mein bester und ältester Freund* . . . Und er dachte, wie dumm Güters ist. Er ahnt nicht, was sein Freund mittlerweile macht. Er ahnt nicht, was er schon alles gemacht hat. Ein richtig blöder Kerl. 'Ne Bergente eben.

Als Güters gegangen war, tauchte das besorgte Gesicht Schwester Mathildes vor ihm auf. Fast tat sie ihm leid. Und du kannst ihr nicht sagen, was passiert ist, sie hat keine Ahnung von diesen Dingen. Hand in der Bluse und so.

»Ich frage mich nur, warum?« sagte Schwester Mathilde. »Ich begreife das nicht, Jürgen. Gib mir wenigstens einen Hinweis, ich will dich verstehen.«

Aber Jürgen holte den letzten Kaugummi aus der Packung und steckte ihn in den Mund. Er zermalmte ihn zwischen seinen Backenzähnen und sah sie kalt an.

Auf ihrer Stirn waren Falten, und ihre Augenbrauen zogen sich zusammen, als hätte sie Schmerzen.

Er schlief fast, da zupfte ihn Thomas am Haar.

»Laß mich«, brummte Jürgen.

Thomas rückte mit seinem Kopf fast in sein Bett herüber. »Aber ich muß es dir sagen«, flüsterte er.

»Was?«

»Dieser Meier, wie hieß er noch?«

»Westerwald.«

»Nein. Meier . . .«

»Wienerwald.«

»Ach, du bist blöd.« Thomas rutschte wieder zurück in sein Bett. Jetzt wollte Jürgen wissen, was mit Meier-Odenwald gewesen war.

»Also«, fragte er, »was war?«

»Dieser Meier-Dingsbums ist ein Schwein.«

»Das weiß ich.«

»Nee, weißt du nicht.«

»Wetten, daß?«

»Kannst du nicht wissen, weil es mir Petronilla gesagt hat. Er tappt ihnen immer an der Brust herum und fragt: ›Na, sprießen schon die Spargelspitzen?‹«

Thomas kicherte.

»Feix nicht so blöd«, sagte Jürgen. »Warum feixt du?«

»Ich denke dran, wie der in der braunen Brühe lag.«

»O.K. Hör zu, die Güters kommen für uns nicht in Frage. Verstehst du. Die lehnen wir ab. Aber eisern. 'Ne Frau, die mit fremden Männern schmust, nee. Kommt für uns nicht in Frage. Verstehst du, wir müssen uns da einig sein. Vollkommen einig. Sonst kommen wir auseinander. Wir kommen glatt auseinander, wenn wir uns nicht einig sind. Du mußt auch sagen, daß du da nicht hin willst. Also, abgemacht! Du willst auch nicht hin. Wenn du nicht willst, können sie überhaupt nichts machen. Und wenn sie dich doch hinbringen, mit Gewalt vielleicht, dann haust du bei der ersten besten Gelegenheit ab und kommst ins Heim zurück. Rausschmeißen können sie uns hier nicht. Hast du gehört?« Jürgen wartete eine Weile. »He!« rief er, »ob du mich gehört hast.«

Er kroch hoch, legte sich auf den Bauch, hob seinen Kopf über den seines Bruders und sagte: »Wenn du nichts sagst, laß ich Spucke auf dein Gesicht laufen.«

Thomas rührte sich nicht. Er schlief also echt.

Jürgen kroch wieder zurück, legte sich auf den Rücken und verschränkte die Hände im Nacken. Er stellte sich Herrn Meier-Teutoburgerwald im Sumpfbeet vor. Dieses Schwein.

Aktenauszug Jürgen Limp

. . . bis zur Trennung hatte Jürgen zu seinem Bruder Thomas ein normales Geschwisterverhältnis. Während eines gemeinsamen Aufenthaltes der beiden Brüder in der späteren Pflegefamilie von Thomas zeigte Jürgen stark ausgeprägte Rivalitäten. Er wurde gegen einen Gast der Familie tätlich.

Die genauen Ursachen sind nicht zu ermitteln.

Jürgen verstand es einfach nicht. Es war auch nicht zu verstehen. Wie sollte er das verstehen können?

Er verstand nicht, daß Schwester Mathilde dazu ja gesagt hatte. Sie wußte doch, daß er an Thomas hing. Gut, er hatte das nicht immer zugegeben, er hatte manchmal großspurig getan, aber das mußte er, wollte er von den anderen nicht untergebuttert werden. Jetzt stand er da, seine Fäuste in der Jacke seines grellroten Blousons und kaute einen Kaugummi.

Bloß nicht erschüttert wirken, sagte er sich. Ganz gleichgültig bleiben.

Cool, hieß das auf englisch.

»So, so«, sagte er. »Klauen auch noch. Wenn einer von uns klaut, dann wird Zeter und Mordio geschrien, und wenn's ein paar Pfennige sind. Aber wenn ihr einem den Bruder klaut, dann ist das okay.«

»Jürgen«, flehte Schwester Mathilde. »Wir sind nur noch ein paar Wochen hier. Die Stadt hat sich noch immer nicht entschieden, euch ins städtische Heim zu übernehmen. Ich war froh, daß ich wenigstens einen von euch untergebracht habe. Und sie haben es dir doch versprochen. Jedes Wochenende kannst du zu ihnen hinaus. Du mußt dich dort nur entsprechend aufführen. So lang ist eine Woche nicht. Und in die Ferien wollen sie dich auch mitnehmen, das hast du selbst gehört. Sie wollen es versuchen. Eher Thomas zuliebe, als dir. Jürgen, versprich mir, daß du dich bemühst.«

›Bemühen‹, dachte er. ›Also gut, ich werde mich bemühen, obwohl es eine Schweinerei ist. Eine Schweinerei, den Kleinen wegzulocken, mit Versprechungen und Süßigkeiten. Und auch damit: Jürgen kommt sowieso nach, Thomas.‹

»Du mußt dich beherrschen«, sagte Schwester Mathilde.

Beherrschen! Wußte sie, wie er sich beherrscht hatte, als er zusah, wie sein Bruder in Güters Wagen stieg, sich mitten zwischen die beiden Schafsgesichter setzte? Wußte sie, wie er sich da beherrscht hatte, daß er nicht hingestürzt war und den Bruder aus dem anfahrenden Wagen gerissen hatte?

Freilich, er hatte auch nicht gewinkt, er hatte sich weggedreht und Heinz gefragt: »Kickst du mit mir?«

Tränen? Nein, nicht hier vor den anderen. Das lieferte er nicht. Kaugummi kauen, die Backenmuskeln spielen lassen und eine hochmütige Miene aufsetzen. Und am Abend hatte er ein zweites Abendessen verlangt, denn sie berechneten den vollen Verpflegungstag für seinen Bruder, das hatte Werner gesagt. Jürgen hatte alles aufgegessen. Dabei drehte ihm der leere Stuhl, auf dem bisher immer Thomas gesessen hatte, den Magen um. Er sah nicht hin. Er sah zu Susanne, dem nasenlosen Mädchen, dem sie eine neue Nase ins Gesicht operieren würden. Er mußte später mal mit einem Arzt reden, vielleicht konnte ihm der einen neuen kleinen Bruder irgendwo hinoperieren.

Oben im Zimmer fühlte er das leere Bett von Thomas. Er versuchte sich vorzustellen, wie das für Thomas jetzt war. Jetzt, bei den Güters. Ob Frau Güters zu ihm ins Zimmer kam, Thomas durchs Haar fuhr, vielleicht sogar einen Kuß gab?

Auch Werner schien das Problem zu beschäftigen, denn er fragte: »Und was ist, wenn er sich in eins dieser doofen Mädchen verknallt?«

»Das ist seine Sache. Aber dann muß er wohl keine Augen im Kopf haben.«

»Ach, die kleinere ist doch ganz nett.«

»Die? Du hast 'ne Ahnung. Ein Mistvieh ist das.«

»Zahlen die ihm Taschengeld?«

»Davon haben sie nie was gesagt.«

»Allein zu zwei Weibern möcht ich nicht. Da bist du immer in der Minderheit.«

»Wollte ich auch nicht hin.«

»Dafür, daß sie dich nicht genommen haben, bist du aber nicht recht lustig.«

»Quatsch, ich wollte, daß Thomas auch nein sagt, aber der Idiot hat sich einwickeln lassen.«

»Mich wollen sie auch irgendwohin stecken. Wissen nur nicht wohin. Ich bin ihnen zu schwierig.«

»Wie hast du denn das rausgekriegt?«

»Ich krieg alles raus. Meine Wanzen sind überall. Mein Schritt ist lautlos und mein Auge schnell. Meine Ohren sind mit Radar ausgerüstet. Ich höre die Mäuse im Keller furzen, mein Lieber.« – Und nach einer Weile sagte Werner: »Ich hab' 'nen Hammer.«

»Wozu?«

»Und Nägel auch. Zehn Zentimeter lange. Zimmermannsnägel. Echt.«

»Und wozu, Mann?«

»Wenn die mich in ein anderes Heim verlegen, die planen was mit einem Altersheim und so, da nagele ich meine Tür zu. Da können sie dann sehen.«

»Mensch, vergiß doch deinen Alten. Der ist inzwischen längst ganz harmlos.«

»Du hast 'ne Ahnung. Nämlich keine. Kannst du auch nicht haben. Deine Eltern haben dich so gern gehabt, daß sie abgehauen sind. Mein Alter ist geblieben und hat geprügelt. That's the difference.«

Eigentlich hatte Jürgen schon auf Freitag gehofft. Nicht gerade um zwei, aber so gegen drei, vier Uhr, hatte Jürgen gedacht, würde er kommen: Güters, die schwangere Bergente. Frau Güters würde ihn bestimmt nicht holen. Nein, er würde kommen, Güters höchstpersönlich. Der mochte ihn. Irgendwie spürte Jürgen das. Güters mit Thomas. Vielleicht. Jürgen stand im Garten am Gittertor und starrte hinaus. Heinz rief ihn, Werner schrie, sie brauchten einen guten Tormann. Er winkte nur ab: »Kann nicht. Werde gleich abgeholt.«

Um fünf sagte Schwester Mathilde: »Ärgere dich nicht, wenn sie heute nicht kommen. Sicher holen sie dich morgen vormittag.«

Ja, ja, sie war immer voller Geduld. Schwester Mathilde verstand alles, verzieh alles. War zu allen gut. Sie hatte den lieben Gott in der Tasche, im Kopf, im Herzen. Der liebe Gott war für sie eine Art Swimmingpool, und sie schwamm drin herum.

»Und wenn die Scheißkerle mich angelogen haben?« schrie er sie an.

Schwester Mathilde überhörte die Vorsilbe zu den Kerlen, zuckte aber dennoch zusammen. Genau das hatte sie auch gedacht. Was war, wenn die Güters einfach nicht kamen? Sich nicht einmal rührten? Oder Vorwände gebrauchten? Sie kannte das, das eine Mal war es aus zeitlichen Gründen nicht möglich, das andere Mal hatte das Auto gestreikt, und einmal hatten sie es glatt vergessen. Was dann? Sie wußte, daß die Kinder von einem Besuchstag zum anderen lebten, von einem Brief zum anderen. Sie mußten sich mehr als andere Kinder, die in Familien aufwuchsen, auf das verlassen können, was man ihnen versprach.

»Sie kommen morgen bestimmt«, sagte sie. Güters *mußten* morgen kommen. Schwester Mathilde rief sogar heimlich bei ihnen an.

Es meldete sich niemand.

Güters kamen auch am Sonnabend nicht. Jürgen nahm sich vor, bis um drei zu warten, dann würde er es tun. Es war ihm egal, wie sich das Ding hernach entwickelte. Er hatte das Geld damals nicht nur so hergegeben, er wollte eine Leistung dafür. Die hatte er nicht bekommen, also mußte er wenigstens das Geld wieder zurückhaben.

»Jürgen«, sagte Schwester Mathilde beim Mittagessen, »du rührst ja gar nichts an.«

»Ich kann das versalzene Zeug nicht essen.«

»Aber es ist nicht versalzen, du hast ja nicht einmal gekostet.«

»Es ist versalzen!« wurde er laut. »Ich rieche das.«

»Aber Salz . . .« Schwester Mathilde wollte sagen, daß Salz geruchlos sei, aber dann sah sie ein, daß es gar nicht darum ging, sondern um Jürgens Bruder. Um die Güters und um die Enttäuschung, die sie ihm bereitet hatten. Sie machte sich Vorwürfe. Gewiß, die Kinder hier brauchten Liebe. Sie brauchten jemand, der sie liebte, so bitter notwendig wie Brot. Aber sie brauchten auch jemand, den sie lieben konnten. Liebe ist nicht nur etwas, was ankommt. Liebe wollte auch wieder zurück. Liebe war keine Einbahnstraße.

›Was hab' ich nur getan!‹ warf sie sich vor. ›Was hab' ich da bloß angerichtet!‹ Auch sie rührte keinen Bissen mehr an. Dann sah sie zu Susanne hinüber. Hätte sie nur ihre Nase hergeben können für dieses geschundene Kind.

»Kann ich gehn?« fragte Jürgen schon vor dem Apfelmus.

»In Gottes Namen geh.« Schwester Mathilde wußte, daß es sinnlos war, ihn hier am Tisch sitzen zu lassen. Vielleicht wollte er irgendwo heulen, für sich allein.

Als Jürgen draußen war, zuckte sie zusammen. Mein Gott, wenn er jetzt wieder an die Blumen ging. Sie mußte sich zwingen, sitzen zu bleiben. »Susanne«, fragte sie. »Willst du Jürgens Apfelmus?«

Susanne wollte.

Jürgen schlich sich in die Kapelle. Es war hier wie immer, es roch nach Wachs und Weihrauch und auch ein bißchen nach Küche. Nach Krautsalat und Bratklopsen, als hätten die Schwestern dem lieben Gott auch einen Teller hingestellt.

Jürgen wußte nicht mehr, wo er die kleine Eisenstange herhatte, sicher hatte er sie mal auf einer Baustelle mitgehen lassen. Sie hatte ihm gefallen, sie war nicht zu groß, sondern klein und handlich. Er hatte sie immer in seinem Schrank hinten links stehen gehabt. Sie war rot gestrichen und nicht verrostet. Und sie ging ganz leicht zwischen die Verschlußklappe mit dem Vorhängeschloß und den Opferstock hinein. Er brauchte nur ein bißchen nach außen zu ziehen, da hatte er das Ding offen. Er wollte ja nur seine Mark zurückhaben und die fünfundvierzig Pfennig. Er hatte sie für einen bestimmten Fall gespendet, der Fall war nicht eingetreten, im Gegenteil, es war alles schlimmer geworden. Jeder ehrliche Kerl hätte da von selbst sein Geld zurückgegeben. Er zählte das Geld. Es war mehr, als er reingeschmissen hatte, nicht viel. Zusammen waren es keine fünf Mark, und es war nur recht und billig, daß er sich auch das andere nahm. Als Schmerzensgeld gewissermaßen. Er steckte das Geld in die Jackentasche, klappte den Opferstock wieder zu und versenkte die kleine Eisenstange im Ärmel.

Als er aus der Kapelle auf den Flur trat, fiel er aus allen Wolken. Schwester Mathilde trabte an, von den Kleineren der Gruppe umringt. Sie strahlte Jürgen an.

»Oh, Jürgen«, sagte sie, und sie strich ihm übers unordentliche Haar, »das freut mich.«

Er stand stocksteif da, errötete, aber sie deutete auch das falsch. Und das war das Peinliche.

Sie sagte es nochmal: »Es freut mich, daß du dir dort Trost geholt hast, wo es allein Trost gibt.«

Er wandte sich ab, rannte in sein Zimmer hinauf, verbarg die Stange in seinem Schrank und überlegte, ob er das Geld zurücklegen sollte oder nicht. Aber das war ja das Beschissene! Er hatte vergessen, Handschuhe anzuziehen. Sie hatten seine Fingerabdrücke. Und selbst, wenn er alles Geld zurücklegte, auch das seine, wer wußte schon, wieviel drin gewesen war?

Er konnte ja immer noch etwas behalten haben! Verdammt, verdammt! Er hätte sich selber eine runterhauen können. Brauchte er das Geld? Nein, er hatte welches. Nicht viel, aber für ihn langte es. Er stand auf, öffnete das Fenster und schmiß das Geld auf den Spielplatz hinaus. Mit der Zeit würden die anderen auch den letzten Pfennig finden. Irgendwann mal. Es interessierte ihn nicht. Er ging zu seinem Schrank, holte sich den Schuhkarton heraus, in dem er seine Fotos aufbewahrte, und begann, sämtliche Fotos herauszusuchen, auf denen Thomas zu sehen war. Er nahm auch die, auf denen nur ein Eckchen von Thomas war, ein Haarschopf, ein Streifen Wange mit einem Ohr. Das waren alles Thomasbilder. Er ordnete sie nach dem zeitlichen Ablauf, und schließlich pinnte er sie an die Wand hinter seinem Bett. Darüber würde er auf Zeichenpapier malen: *Mein Bruder Thomas.*

Er hatte etwa zwei Dutzend Bilder angebracht, da riß nach kurzem Klopfen Schwester Mathilde die Tür auf. »Jürgen«, rief sie, »Jürgen, du warst nicht umsonst in der Kapelle. Drunten wartet jemand auf dich.«

Er ließ die Fotos auf seinem Bett liegen und stürzte hinunter. Die Tür des Besuchszimmers war nur angelehnt, er stieß sie ohne anzuklopfen auf. »Thomas!« rief er . . . Aber es war nicht Thomas. Es war nicht einmal Güters, die dickbauchige Bergente. Da stand nur einer, der seine Zigarette zwischen Daumen und Zeigefinger hielt, die noch immer von jenem giftigen Braun waren, das Jürgen nicht mochte. Er hatte ein großkariertes Jakkett an, ein verschrumpeltes bügelfreies Hemd mit Gilb drinnen, einen verdrehten Schlips, der unten die Hinterseite herauskehrte. Das dunkle Haar schimmerte ölig, und das kurzgestutzte Oberlippenbärtchen wirkte wie unter die Nase geklebt. Wie 'ne Abart von Rotz.

»Du bist's?« sagte Jürgen tonlos.

»Ja, ich. Hallo, wie geht's? Bist gewachsen, Kerl! Hast 'ne ganz andere Nase gekriegt. Na, ist wohl nicht nur die Nase gewachsen. – Wo ist der Kleine?«

»Welcher Kleine?«

»Na, Thomas! Wer sonst?«

»Thomas haben sie losgekriegt, der hat 'ne Familie.«

»Und du?«

»Ich hab' keine«, wurde er ruppig. »Sonst wär' ich nicht da.«

»Schon gut, schon gut. Frage ja nur. Die Schwester hat gesagt, ich krieg dich mit. Gehn wir, oder willst du dir was anderes anziehen?«

»Nein.«

Vater steckte sich einen neuen Glimmstengel an. Wie immer war es irgendeine filterlose Zigarette mit schwarzem Tabak. Und er sog daran, als wolle er sie fressen, samt Glut und Asche.

»Schon was von Umweltschutz gehört?« fragte Jürgen draußen auf der Straße.

»Jetzt fängst du auch noch an! Hör mal, ob ich rauche oder nicht, das ist meine Sache. Meine Sache ganz allein. Ich sauge den Qualm in meine eigene Lunge und in keine andere. Haste Hunger?«

Jürgen hatte tatsächlich so etwas wie Hunger. Er sagte »ja« und fragte gleich darauf: »Wo warst du denn die ganze Zeit, wo hast du denn gesteckt?«

»Ich? – Och, das ist eine lange Geschichte. Aber das hat man davon, wenn sie bei der Firma erst mal draufgekommen sind, daß sie einen überall hinschicken können. In dem Scheiß-Indien war ich unten. Alles mit Flugzeug und so. Jede Menge Stewardessen. Eine, die war besonders hinter mir her. Hat geheult, als ich ihr sagte, es wäre nichts mit uns, ich sei schon fest vergeben. Das mußt du dir vorstellen.«

Sie gingen eine Weile stumm nebeneinander her. Jürgen merkte, daß er genau wie sein Vater die Hände in den Hosentaschen vergraben hatte, da zog er sie heraus.

»Was sind denn das für Leute, bei denen Tommy jetzt ist, hm?« wollte Vater wissen.

»Er ist Industriekaufmann oder so, und sie, sie ist gelernte Pädagogin.« Er äffte die Güters nach. »Mit so 'ner kleinen Schnute!« Er zog den Mund zusammen, so gut es ging.

»O Gott!« rief Vater. »So klein? Das ist nichts für mich.

Also ich, ich persönlich, das ist Geschmackssache, weißt du, ich liebe Frauen mit großem Mund. Und dann müssen sie große, schöne Zähne haben, so'n Raubtiergebiß, verstehst du? Und dann ordentlich Lippenstift drauf, daß du's in der Nacht leuchten siehst. Ja, das merk dir. Frauen mit kleinem Mund sind dumm.«

Das hätte ihm keiner sagen müssen. Die Güters war dumm, das konnte man im Dunkeln mit geschlossenen Augen merken. Ein Blinder mit Krückstock begriff das. – Sie gingen die Straße hinunter, ein kalter Wind blies ihnen entgegen. Vater schlug den Jackenkragen hoch und steckte sofort wieder die Hände in die Hosentaschen.

»Hast du keinen Mantel?«

»Ich? Ja, natürlich! Der ist im Gepäck, aber das Gepäck ist noch nicht da. Das hat sich verfranzt, ist in Rom oder Athen. Ich sag' dir nur eins, flieg nie mit der Alitalia, die verschmeißt alles. Haben mir schon Kumpels erzählt. Da kriegste jede Menge Ärger.« Vater wies mit der Hand nach vorne. »Heute gehn wir da rein. Ist'n neuer Pächter drauf. Is nicht teuer, und da kriegste Portionen he, die schaffste nicht.«

Das Lokal hieß »Zum scharfen Kürvchen«, und drinnen roch es nach Bier, allen möglichen Sorten Glimmstengel und nach duften Weibern, wie Vater sagte. An der Theke lümmelten Männer, tranken Altbier, aßen kalte Klopse oder Soleier und sprachen über Fußball. Sie hauten einige Nationalspieler und den Bundestrainer so richtig in die Pfanne. Keiner durfte ihnen unterkommen, und dieser Funktionärsklüngel gehörte sowieso zu Brei geschlagen.

»Da«, sagte Vater, »setz dich.«

Es war ein Tisch mit vier Beinen, vier Ecken und einem Tischtuch, mit dem sie gut und gern die Straße sauber gewischt haben konnten. Ein paar Brandlöcher drinnen, Speisereste, Saucenflecke, festgetrocknete Salzkartoffeln, Asche, Senf. Darauf schmutziggraue Bierdeckel, ein halbvoller Aschenbecher. Viele Kippen mit Lippenstift dran.

Vater blickte sich um, rieb die Hände und fand es

gemütlich. Er ignorierte den Fliegendreck auf den trüben Deckenleuchten und den dicken Po einer Dame, die sich zu den schimpfenden Männern an der Theke gesellt hatte und eine riesige Handtasche am Arm baumeln ließ. Von links und rechts kniffen ihr die Männer in die Backen, ohne daß die Gute zusammengezuckt wäre.

»So 'ne Figur«, sagte Vater, »ungefähr so . . . Weißt du, Frauen müssen einen Hintern haben, so 'ne Figur hat sie. Aber mit Kneifen ist da nichts. Du, die ist piekfein. Und 'ne gute Frau, so richtig herzenswarm. Zärtlich, weißte. Die spielt dir kein Theater vor. Die ist so. Klar, daß sie euch nimmt. Euch beide. Dich und Thomas. Mädchen hätte sie nicht so gern gewollt, aber Jungs, sagt sie, mag sie. Hat 'ne eigene Tochter, aber die ist abgehauen, so richtig ausgeflippt. Treibt sich irgendwo rum, nicht mal die Polizei weiß wo. Mädchen, sagt sie, machen mehr Sorgen. Auf die kann man einreden und einreden, und sie machen trotzdem das Verkehrte. Dann kommen sie mit'm Kind angetanzt. Und auch vorne, du weißt schon, was ich meine, auch vorne, da hat sie alles, was sie braucht. Du, wenn die der Tram nachläuft, da ist was in Bewegung, das kann ich dir sagen. Da guckt kein Mann weg.«

Vater studierte die Speisekarte. »Ich nehm 'n Eisbein«, sagte er gleich. »Das kann ich dir auch empfehlen. Aber du bist vollkommen frei in deinen Entschlüssen. Wenn du was anderes willst . . . « Er reichte Jürgen die Karte hinüber.

Jürgen bestellte sich ein indisches Schnitzel in Curry-Soße mit Reis, Ananasscheibe, gebratener Banane und Kirschen.

»Na, hab' ich dir nicht gesagt, daß hier was los ist? Das ist'n ganz feiner Pächter. Der sagt, er war Schiffskoch auf einem Containerschiff. Und die Matrosen, das merk dir, vielleicht willst du einmal einer werden, die müssen wohl hin und wieder mit Frauen und so darben, aber zu essen haben die immer. Da kannste Gift drauf nehmen.«

Sie tranken Bier zum Essen. Jürgen Bier, Vater Bier mit Schuß.

»Ja«, sagte er später mit vollem Mund. »Sie ist 'ne gute Frau. Heißt zwar nur Erna, aber ich ruf' sie Örni, da hört sich's anders an. Sie mag das auch. Ist auch 'n bißchen durchgebeutelt, wie ich. Ihr ist der Mann davongelaufen. Einfach spurlos verschwunden. Deshalb konnte sie sich so lang nicht scheiden lassen. Einfach abgehauen. Sie wußte nicht, wohin. Ging weg, in Hauslatschen, um sich ›Bild am Sonntag‹ zu holen. Das mußt du dir vorstellen, in Hauslatschen. So ist das Leben! Hauslatschen und aufgekrempelte Ärmel, kein Anzug, kein Jackett, nichts. Nur das gemeinsame Sparbuch hatte er eingesteckt. War nicht viel drauf, zwei-, dreitausend Mark. Aber wie schon die Afrikaner sagen. Zu einem Affen, der Geld hat, sagt man Herr Affe. So ist das. Ich kenn' das Leben.« Vater rülpste, aber er entschuldigte sich sofort. »Das war die Kohlensäure.« Und dann schimpfte er auf das indische Bier, in dem nicht so viel Kohlensäure und Alkohol war, und wärmer war es außerdem. Er erzählte so viel von Indien, daß Jürgen langsam zu glauben begann, daß Vater wirklich dort gewesen war. Er wußte eine Menge von Indien, von hungernden und bettelnden Kindern, von jungen Mädchen, die schon wieder Kinder hatten und klauten, was sie zwischen die Finger bekamen. »Aber wenn du ihre Augen siehst, verzeihst du ihnen alles«, sagte Vater. »Sind ja selber noch Kinder und haben schon wieder welche. Das ist das echte Elend, du weißt ja nicht, wie gut es dir geht. Hast dein Bett, dein Heim, dein Essen und deine Sauberkeit, und prügeln tut man euch auch nicht mehr. Wir? Wir sind noch geprügelt worden, und wie! Ist dann einer ausgerissen, dann haben sie ihm die Haare geschoren. Ich sage dir. Kreuzweise. Vom Genick bis zur Stirn vorn, und von Ohr zu Ohr. So mußtest du dann rumlaufen. Das haben sie gemacht, die guten Erzieher. Sie haben dich zusammengestaucht und runtergetaucht, in die Jauche hinein, bis du gefühlt hast, daß du nur ein Stück Scheiße auf zwei Beinen bist. So waren die. Und Hosen haben die uns verpaßt, wenn wir abgehauen waren, Hosen sage ich dir. Das linke Bein in der einen Stoffart, das rechte in der anderen. Jeder hat gemerkt, was mit dir los ist. Und da hat's unter uns armen Schweinen noch welche gegeben, die gelacht haben, wenn wir so dahergekommen sind.«

Plötzlich wurde Vater ernst. »Ja«, sagte er, »heirate erst, wenn du dein Auskommen hast, und mach deine Frau nicht gleich schwanger. Das ist die Wurzel des Übels, sag' ich dir. Geh zu einem Arzt und nimm deine Frau mit. Nur nicht gleich ein Kind. Denn garantiert kommt sofort ein zweites. Bitte, wie war's denn bei euch? Ihr seid nicht mal dreizehn Monate auseinander.«

»Weißt du, wo meine Mutter ist?« fragte Jürgen und schluckte das letzte Stück Fleisch hinunter.

»Keine Ahnung. Will ich auch gar nicht wissen. Ist besser so. Auch für dich. Glaub mir. Brauchst nicht mehr an sie denken, sie denkt auch nicht an euch. Die hat euch vergessen. Euch und mich.« Vater wischte sich die Augen. »Sie war ein nettes Mädchen. Echt! Und die war nicht gleich zu haben, denk bloß das nicht. Der hab' ich lange nachrennen müssen, bis es endlich soweit war. Aber dann, ihr zwei, gleich so kurz hintereinander. Wir hatten kein Hirn, das war es. Na, und dann hab' ich den Blödsinn gebaut. Und sie stand allein da mit euch, und die liebe Nachbarschaft, die hat sich das Maul zerrissen. Da ist sie eben abgehauen. Sie war einfach zu jung. Heute weiß ich, das war unverantwortlich von mir. Den Dingen einfach ihren Lauf zu lassen. Aber das ist es ja. Du bist so ausgehungert nach einem anderen, wenn du aus dem Heim kommst, du hast ja sonst nichts, kannst dir sonst nichts leisten. Nur das Mädchen, das dich liebt.«

Vater holte sich vom Nebentisch ein Brötchen, zerbrach es und wischte damit seinen Teller sauber. »Ja, ja, so war das«, sagte er mit vollem Mund. »Aber jetzt, das sag' ich dir, wird alles anders. Wir ziehen in die Eifel. Da hat sie 'n kleines Häuschen geerbt, mit Garten. Örni, verstehst schon. Kannst du dir vorstellen? Ein Häuschen! Keine Angst, ich werd' schon drauf sehen, daß sie dich als Erben einschreibt. Denn ein Testament muß sie machen. Wer Besitz hat, braucht ein Testament. Ist nicht groß, das Häuschen, aber es steht nun mal da, und du kannst sofort rein. Das ist es. Sofort bewohnbar.«

Vater zeichnete es auf einen Bierfilz. Hier, bei der Tür kam man rein, und da war links die Küche und da eine Treppe hoch, und da eine Kammer und da ein Zimmer, nicht groß, aber fürs Fernsehen reichte es. Vater konnte sich von seinem Grundriß gar nicht trennen.

»Was haben wir heute?« sagte er. »In einer, nein, in zwei Wochen hol' ich dich am Freitag ab. Dann fahren wir hinaus. Nicht mit dem Auto, nur mit der Bahn. Aber ich hab' 'ne Karre in Aussicht. Billig, nur neue Sitze müssen rein. Und dann muß der Wagen lüften. Ich sag's dir ehrlich. Da drin haben sich zwei umgebracht. Mit Tabletten und Auspuffgas, ein Liebespaar. Die wollten auf Nummer sicher gehen. Und sie lagen dann ein bißchen lang da drin, darum müssen neue Sitze und Polster rein.«

Jürgen hatte kaum zugehört. Er schob den Teller weg und trank einen Schluck Bier. Im Grunde schmeckte es scheußlich. Er hätte viel lieber Cola oder Limo getrunken.

»Was guckst du so?« fragte Vater und steckte sich einen Glimmstengel am alten an. »Ist dir was über die Leber gelaufen? Willst du was wissen?«

»Nein«, sagte Jürgen. »O ... oder doch.«

»Dann schieß los.«

»Meinst du, verständigen mich die? Ich meine ... wenn Mutter mal begraben wird?«

Bevor Vater antworten konnte, sagte hinter Jürgen ein Mann: »Ich werd' verrückt! Bill ist wieder da! Hej, Billy, wie geht's dir, altes Haus, haben sie dich wieder rausgelassen?«

»Was heißt rausgelassen!« entgegnete Vater sofort. »Ich war in Indien.«

Der Fremde lachte. »Ach, Indien. Heißt das jetzt so? Na, wie war's in Indien, Kumpel?«

»Beschissen«, sagte Vater, »kein Tropfen gutes Bier.«

Wieder lachte der Fremde, zog sich einen Stuhl zum Tisch und setzte sich.

»Das ist mein Sohn«, sagte Vater und wies auf Jürgen. »Mein Ältester. Er heißt Jürgen. Steh auf, Jürgen, und gib die Hand.«

»Bleib sitzen«, sagte der Mann zu Jürgen und wandte sich an dessen Vater. »Was macht Martha?«

»Martha? Ach so, die meinst du!« Der Vater deutete mit den Händen den Leibesumfang an.

»Ich muß mal«, sagte Jürgen und ging hinaus. Er überlegte, wie er hier wegkam. Es gefiel ihm nicht mehr hier. Er ging auf die übelriechende Herrentoilette und las, was da so an die Wände gekritzelt war. Dann wusch er sich die Hände und betrachtete sich im Spiegel.

Nein, er sah seinem Vater nicht ähnlich. Wahrscheinlich war der Mann im großkarierten Jackett draußen gar nicht sein Vater. Sicher nicht. Der Mann da draußen, der wer weiß woher kam, bloß nicht aus Indien, der glaubte das nur.

Jürgen ging zurück in die Wirtsstube, wo jetzt auch eine Frau mit einer riesigen Handtasche bei Vater saß. Er hörte nicht darauf, daß der Vater sagte, er solle sich wieder setzen.

»Ich muß jetzt abhauen«, erwiderte er. »Ich muß zurück. Tschüs dann.«

»Warte!« rief der Vater. »Hier hast du noch was. Ein Fünfer für jeden. Siehste, so kommst du zu einem Zehner, weil ja Thomas nicht mehr da ist. Einzelkinder haben's immer besser.«

Jürgen quälte sich ein »danke« ab. Es fiel ihm schwer. Aber er wollte seinen Vater vor der grellgeschminkten Frau nicht blamieren. Vielleicht hatte er mit ihr etwas vor, und das, was er von Örni erzählt hatte, stimmte auch nicht. Es war schwer, sich mit Vater auszukennen.

»Du hast gesagt, in zwei Wochen am Freitag«, erinnerte er ihn.

»Hab' ich gesagt. In zwei Wochen. Ehrensache.«

»Vergiß es nicht. Ich packe schon mein kleines Köfferchen.«

»Ja, das mach mal. Und dann geht's ab in die Eifel.«

Jürgen ging. Er hörte noch die Frau fragen: »In die Eifel? Was machst du denn mit deinem Sohn in der . . .«

Draußen atmete er die frische Luft am »Scharfen Kürvchen.« Der kalte Wind blies noch immer.

Auf der Suche III

Die Wurst schmeckte prima. Mensch, schmeckte die! Ganz anders als die Wurst im Heim. Die Würste im Heim sahen zwar verschieden aus, aber sie alle hatten den gleichen wäßrigen Geschmack. Er ärgerte sich, daß er nur zwei und nicht drei Wurstsemmeln gekauft hatte.

»Hundertfünfzig Gramm Wurst in zwei Brötchen geschnitten«, hatte er gesagt. Hätte er nur mehr verlangt.

Es war ein guter Metzger gewesen. Hatte nur mageres Fleisch. Und warmen Leberkäs mit Senf und Gürkchen hätte er auch haben können. Sogar ein gegrilltes Huhn oder gegrillten Schweinerollbraten. Mann, hatte das phantastisch geduftet!

Die zweite Semmel verdrückte er noch nicht, die behielt er in der Papiertüte in der Tasche des Parkas. Nur eine Coladose würde er sich genehmigen, und die zweite ebenfalls aufheben.

Jetzt, wo er so nahe war, wo ihm schräg gegenüber das Haus lag, »Am Wäldchen« Nummer vierzehn, jetzt wußte er nicht, was er hier eigentlich wollte. Anrufen und Thomas verlangen? Aber was sollte er Thomas sagen, damit der auch rauskam? »Thomas, ich muß dich unbedingt sprechen. Ich tu dir nichts, aber komm raus.«

Oh, Thomas, Thomas. Was war das nur für eine Flasche, rührte sich nicht, meldete sich nicht, ließ sich von den anderen vereinnahmen. Der war ja imstande und fragte »Jürgen? Was für ein Jürgen?« Und dann sagte er womöglich: »Jürgen, du? Mein Bruder? Ich will mit dir nichts mehr zu tun haben!« So wie damals. Als er es sagen mußte, weil die Güters es von ihm verlangt hatte. Die Güters, die mit ihrem Mund aussah wie eine Heimsparkasse mit Nachteil. Einen Fünfer brachte man nicht durch den Schlitz.

Er lachte leise. Es tat wohl, so über die Güters zu denken, wenn es auch nichts einbrachte. Mann, haßte er diese Frau!

Oh, Thomas! Ob er ihn noch erkannte? Es war lange her,

daß er ihn gesehen hatte, und inzwischen viel geschehen. Viel zu viel. Wie er damals heimgekommen war, zum Beispiel. Das indische Curryschnitzel im Magen. So richtig satt und warm vom Curry und vom Cayennepfeffer. Wie hatte die Kneipe an der Ecke geheißen? Irgendwas mit Kürvchen. Ach ja, »Scharfes Kürvchen. Zum scharfen Kürvchen«. Er kam jedenfalls heim und hatte die Geschichte vollkommen vergessen. Die Geschichte mit dem Opferstock. Und dann das entsetzte Gesicht von Schwester Mathilde und das betrübte von Bernhard.

»Komm«, hatte Bernhard gesagt, »reden wir ein bißchen miteinander.«

»Gut«, hatte er gesagt und war mit in Bernhards Bude gegangen.

Und dort hatte Bernhard ihn lange angesehen und dann die rotgestrichene Eisenstange aus seiner Schreibtischlade geholt, Jürgens Eisenstange. Er hatte sie auf den Tisch gelegt und ganz sanft gefragt: »Kennst du die?«

Und er, Idiot, der er war, hatte »nein« gesagt.

»Du kennst sie nicht?«

»Nein.«

»Du weißt nicht, daß sie in deinem Schrank links hinten stand?«

»Nein.«

»Du warst nicht nach dem Essen in der Kapelle?«

»Nein.«

»Schwester Mathilde hat dich herauskommen sehen. Und die Kinder auch.«

»Müssen sich irren.«

»Jürgen, warum hast du das gemacht?«

»Ich war's nicht.«

»Weißt du, daß Diebstahl aus Opferstöcken schwerer bestraft wird, als, sagen wir, ein normaler Diebstahl?«

»Nein.«

»Und wie kommt die genau gleiche rote Farbe an den Opferstock?«

»Keine Ahnung.«

»Und wie kommt die Stange in deinen Schrank?«

»Keine Ahnung.«

»Wieviel Geld war im Opferstock?«

»Woher soll ich das wissen?«

So war es hin- und hergegangen. Und Bernhard hatte sein Hemd aufgeknöpft und gejammert: »Mann, du machst es einem schwer! Menschenskind, begreifst du nicht, daß wir dir helfen wollen? Wir wissen, du hast Schwierigkeiten, deshalb machst du welche. Laß dir doch wenigstens helfen. Was hast du dir dabei gedacht?«

»Das weißt du doch besser«, hatte er gesagt. »Ihr wißt sowieso alles, was ich denke, wie ich mich entwickle, alles habt ihr aufgeschrieben. Schau in der Akte nach, da brauchst du mich gar nicht zu fragen.«

»Andersrum«, hatte Bernhard gesagt. »Die Trennung von Thomas hat dich arg getroffen, nicht wahr?«

»Ph!« hatte er nur gemacht. »Damit bin ich längst fertig. Wollte sowieso nicht zu dieser ollen Zicke mit den blöden Töchtern. Und der Mann erst. Mußt dich ja schämen, wenn er neben dir herwatschelt.«

»Warum hast du es dann gemacht?«

»Wer sagt denn das? Habt ihr Beweise?«

Und dann hatte Bernhard überlegt. Und er, Jürgen, hatte gewußt, was er überlegte. Er hatte überlegt, ob er die Polizei ins Spiel bringen sollte, nur so erwähnen, und was das für Folgen hätte, oder was es für Folgen hätte, wenn er nicht die Polizei ins Spiel brachte. In einer ganz verdammten Zwickmühle war Bernhard da gewesen. Er hatte Jürgen leid getan, und da hatte er gesagt: »Also gut, ich war's. Schluß. Aus.«

»Und warum?«

»Hat mir Spaß gemacht.«

»Ich will den wahren Grund wissen!« hatte Bernhard plötzlich gebrüllt. Jürgen war erschrocken. So laut war Bernhard noch nie geworden. Vorher nicht und nachher nicht.

»Gut«, hatte er endlich gesagt, »ich war neugierig, was drin war.«

»Und was war drin?«

»Was soll drin gewesen sein? Nichts!«

»Menschenskind, Jürgen, du gehst vor die Hunde, wenn du die Leute, die dich wirklich mögen, dauernd vor den Kopf stößt.«

Und jetzt stand er da, wie bestellt und nicht abgeholt. Daß ihm aber auch gar nicht einfiel, was er eigentlich hier wollte. Und warum kam Thomas nicht vors Haus? Das verdammte war, daß immer mit zweierlei Maß gemessen wurde. Wenn der eine was tat, war es schlecht, wenn der andere es tat, war es gut. Wenn er die Blumentöpfe zerdepperte, sein eigenes Geld aus dem Opferstock klaute, dann war es schlecht. Wenn die Güters aber sich seinen Bruder angelten, ihm alles mögliche versprachen und sich dann nicht die Bohne um ihn kümmerten, sich *seinen* Bruder einfach unter den Nagel rissen, dann war daran nicht viel auszusetzen. Es war keine strafbare Handlung. Blumentöpfe zerdeppern war es. Sachbeschädigung und so weiter. Aber einem den Bruder klauen, war am Ende noch ein gutes Werk. Und dabei haben sie auch etwas kaputtgemacht. ›Und zwar eine ganze Menge‹, dachte er. Aber man sah ihm ja nichts an. Er hatte keine Striemen, keine blutunterlaufenen Stellen, ihm saß die Nase noch immer mitten im Gesicht.

Werner würde wissen, was er jetzt zu tun hatte. Werner war immer der Schlaueste gewesen, der hatte auch herausgebracht, daß die Mutter von Michel, der dann Thomas' Bett übernahm, ganz in der Nähe des Heims wohnte. Manchmal ging sie vorüber. Gehörte ein guter Magen dazu, am Heim vorüberzugehen, in dem man sein Kind abgeliefert hatte.

Ja, Werner, den sie in ein Altersheim gesteckt hatten, weil er zu schlau und zu schwierig war, der hätte jetzt genau gewußt, was zu tun war. Jürgen überlegte. Es war dunkel genug, er konnte sich jetzt näher an Nummer 14 heranpirschen. Und dann, wenn auf der Straße niemand zu sehen war, irgendwie in den Garten. Erstmal dichter ans Haus. Das Gute war, hier gab's kaum Fußgänger. Ab und zu fuhr ein Wagen vorbei, bog um die Ecke oder schwenkte auf ein Grundstück ein, ließ sich von einer Garage verschlucken.

Nichts wie jetzt links um die Ecke. Aha, nun hatten sie mehr Licht, alle Fenster im Erdgeschoß waren hell erleuchtet. Mensch, und Thomas ließ sich nicht sehen. Saß da drinnen, hörte sich an, wie die zwei Schafsgesichter blöde kicherten, und spürte nicht, daß draußen sein Bruder stand und langsam pitschnaß wurde.

Natürlich hatten die Güters alles verschlossen und verriegelt: das kleine Türchen neben der Wageneinfahrt und auch das schmiedeeiserne Tor. An der rechten Seite der Einfahrt stand ein großer Strauch, der machte die Ecke dunkel, da konnte er den Mauersockel schaffen. Als er von dem Mauersockel in den Garten sprang, blieb er an irgend etwas Scharfem hängen und riß sich das linke Hosenbein oberhalb der Kniekehle auf. Wehte gleich ganz kalt in die Hose rein. Mensch, das hatte noch gefehlt.

Er drückte sich an den Zaun zum Nachbargrundstück, stand da zwischen Sträuchern und überlegte, wieviel Meter er jetzt von Thomas entfernt war.

Gab es das, daß ein anderer überhaupt nicht spürte, was draußen vorm Haus geschah? Schade, daß sie jetzt die Übergardinen zugezogen hatten, so konnte er überhaupt nicht erkennen, was im Haus vor sich ging. Nur einmal zeichnete sich ein Schatten ab, aber das konnte ebensogut eines von den Schafsgesichtern sein. Thomas war es bestimmt nicht.

Jürgen ging ein paar Schritte an der Hecke weiter und hielt wieder an. Jetzt fiel von links vorn das Licht der Straßenlampe auf den Rasen. Und gerade, als er überlegte, ob es auch eine Hintertür in das Haus gab, die vielleicht offen oder nur angelehnt war, da sprang in seinem Rücken ein Licht an, neben der Tür des Nachbarhauses, und ein schwarzer Schatten stürzte heraus, ein Riesenhund. Bevor er überhaupt erkennen konnte, was das war, brach ein Gebelle los, das ihm kalte Angst machte. Die Dogge sprang gegen das Maschengitter und schien sich einen Herzinfarkt anbellen zu wollen.

Jürgen stand ein paar Sekunden wie versteinert, dann wetzte er, als ein dickbauchiger Mann drüben aus dem Haus trat, hinter die Garage.

»Ruhig, Hektor, ruhig!« rief der Mann. Aber Hektor wollte sich nicht beruhigen, im Gegenteil, er rannte am Zaun hin und her und regte sich immer mehr auf.

Das hatte ihm gefehlt. Wenn der Hund noch lange bellte, kam sicher auch aus Nummer vierzehn jemand in den Garten. Und dann stand er schön dumm da. Was hatte er auf einem fremden Grundstück zu suchen? Und da wurde es tatsächlich auf der Vorderseite von Güters' Haus hell, und Jürgen rannte zurück in den dunklen Teil des Grundstückes. Hier hörte er, wie die beiden Nachbarn einander begrüßten. Und dann sagte der Hundebesitzer:

»Es muß jemand in Ihrem Garten sein. Sie sollten nachsehen. Wenn Sie wollen, komme ich mit dem Hund herüber. Man weiß heute nie.«

»Nein, danke«, sagte Güters. »Hier ist sicher niemand. Vielleicht war eine Katze in Ihrem Garten, die ausgerissen ist, als der Hund kam, und hier über den Zaun gesprungen ist, und Hektor ist ihr eben nach.«

»Das ist auch möglich. Aber bei einer Katze regt er sich gewöhnlich wieder ganz schnell ab. Ich würde doch nachsehen.«

»Ja«, sagte Güters, »ich sehe nach.«

»Heute weiß man nie. Es wird so viel gestohlen.«

»Bei mir gibt es nichts zu holen«, sagte Güters. »Ich habe im besten Fall dreihundert Mark Bargeld im Haus. Und das nur, wenn ich gerade auf der Bank war. Bei mir geht alles per Scheck.«

»An Ihrer Stelle würde ich mir einen Hund zulegen.«

»Meine Frau fürchtet sich vor Hunden, nein, danke. Ich geh' mal ums Haus. Es war bestimmt eine Katze.«

Jürgen schlich sich an die hintere Grundstücksgrenze. Dann sah er gegen das Licht auf der Vorderseite des Hauses die Umrisse von Güters. Der ging den Steinplattenweg um das Haus herum ab, fragte im Dunkeln mit der Hauswand im Rücken: »Hallo, ist hier jemand?« Wobei es ihm sicher sehr unangenehm gewesen wäre, hätte Jürgen mit »ja« geantwortet.

»Nein, hier ist niemand!« rief er dem Hundebesitzer zu. Jürgen hörte eine Haustür zufallen. Zuerst wurde es vor Güters' Haus wieder dunkel, dann nebenan. Jürgen überlegte, wie er aus dem Garten wieder herauskam, ohne nähere Bekanntschaft mit der Dogge zu machen.

Der Zaun an der Rückseite des Hauses war relativ niedrig. Er schwang sich hinüber in das andere Grundstück, rannte durch raschelndes Laub an dem stockdunklen Haus vorbei, dessen Jalousien alle heruntergelassen waren, und sprang vorn über die niedrige, mit Dachpfannen gedeckte Mauer.

Er schlug einen großen Bogen, ehe er wieder zu seinem alten Beobachtungsposten zurückkehrte.

Aktenauszug Jürgen Limp

Auffällig an Jürgen Limp waren spontane unmotivierte Handlungen. So brach er an einem Sonnabend den Opferstock in der Hauskapelle auf, der offensichtlich ohne Inhalt war. Jürgen gab erst nach längerem, sehr ungeschicktem Leugnen die Tat zu und war nicht imstande, ihre Gründe oder Ursachen zu erklären. Wahrscheinlich war es nur ein spontaner Racheakt für das Ausbleiben der Pflegeeltern seines Bruders. Da Jürgen die Trennung offensichtlich nur schwer verkraftet, wurde von einer Anzeige abgesehen, weil sie mehr Schaden angerichtet als Nutzen gebracht hätte.

Irma

Im Grunde hatte Jürgen es geahnt. Wer zwei Wochen später am Freitag nicht kam, um ihn mit seinem Köfferchen abzuholen und mit ihm in die Eifel zu fahren, war sein Vater.

Wenn er ehrlich war, hatte er damit gerechnet. Und wenn er ganz ehrlich war, hatte er doch die kleine verrückte Hoffnung gehabt, dieses eine Mal würde auf Vater Verlaß sein. Er hatte sich das etwa so vorgestellt: Vater würde kommen und sagen: »Also, mein Lieber, jetzt geht's los.« Natürlich hätte man ihm noch die Opferstockgeschichte erzählt, und Vater hätte den Kopf geschüttelt und gesagt: »Junge, tu das ja nicht wieder. Opferstockdiebstahl! Das nehmen die verdammt ernst. Jeder Profi kann dir das sagen, daß sich die Sache nicht lohnt. Ein paar Pfennige, und wenn's hochkommt, ein paar Hosenknöpfe. Mehr nicht.«

Und sie wären zum Bahnhof und in die Eifel gefahren. Er war noch nie in der Eifel gewesen, aber er kannte verschiedene Dörfer draußen auf dem Land. So ähnlich stellte er sich das Eifeldorf vor, und das Häuschen von Örni war ein bißchen weit draußen, gleich bei den Äckern und Feldern, vielleicht auch an einem Zipfel Wald.

»Da seid ihr ja«, würde Örni sagen, wenn sie ankamen. Und: »Einen netten Jungen hast du da, Willy. Sieht dir gar nicht ähnlich. Kommt schnell rein, ich hab' ein ordentliches Bauernfrühstück in der Pfanne.« Und in der Küche würde es nach Speck und Bratkartoffeln riechen, und wenn er in die Pfanne guckte, würde er vor lauter Eiern keine Kartoffel sehen.

»Greift mal tüchtig zu«, würde Örni später bei Tisch sagen. »Jürgen, nimm dir noch, siehst sowieso viel zu blaß aus.«

Und er hätte dann gesagt, er könne nicht mehr, und sie hätte sich vielleicht um ihn Sorgen gemacht, seinen Puls gefühlt und ihre Hand auf seine Stirn gelegt. Und dann wäre sie vielleicht noch an sein Bett gekommen, mit einer Honigmilch oder Tee mit Rum. Und er hätte all das gehabt, was andere Jungen auch haben, deren Mutter nicht davongelaufen ist. Er hätte noch wach gelegen und die beiden draußen reden gehört, vielleicht ein bißchen Musik aus dem Radio dazu. Und am Morgen wäre er ganz früh aufgestanden, hätte mit ihr die Küche saubergemacht und beim Abwaschen geholfen und sich als braven Jungen loben lassen.

Aber sein Vater war nicht gekommen.

Viertes Gebot. Du sollst Vater und Mutter ehren.

Und im Fernsehen hatte er gesehen, wie die Katze sich um ihre Jungen sorgte und sie immer wieder von einem Versteck zum anderen schleppte. Wie sie beim ersten Spaziergang mit ihnen auf sie achtete. Und die Amsel, die ihre hungrigen Jungen fütterte . . .

Da schreckte er aus seinen Gedanken auf.

Heinz lümmelte plötzlich am Türpfosten, nachdem er kurz angeklopft hatte.

»Hau ab!« rief Jürgen. »Laß mich in Ruh'.«

»Hör mal, der Tischtennistisch wäre jetzt frei.«

»Hau ab!«

»Mann, du hast wohl auch nur 'nen Kopf, damit es dir nicht zum Hals reinregnet.«

»Hau ab!«

»Schon gut, schon gut. Ich laß mir doch von dir nicht ans Holzbein pinkeln.« Heinz schmiß die Tür zu.

Jürgen drehte sich zur Wand und starrte auf die vielen Fotos von Thomas. Wie viele Wochen, wie viele Monate war er nun schon fort? Eine Ewigkeit! Und die Güters hatten sich noch immer nicht gerührt. – Schwester Mathilde hatte sie mal mitten in der Woche angerufen, was er nicht wußte. Aber Frau Güters hatte Ausflüchte gebraucht und gesagt, daß Thomas erst mal zur Ruhe kommen müsse. Die Schwester stelle sich das leichter vor, als es in Wirklichkeit sei.

Jürgen lag da und starrte die Bilder an. Heute beispielsweise, wenn Vater nicht gekommen wäre, dann hätten sie eben Fußball gespielt oder Tischtennis. Irgend etwas. Er und Thomas. Und am Abend hätten sie gemeinsam auf den Vater geschimpft. Wie früher, wenn er auch etwas versprochen hatte und dann nicht gekommen war. »Scheißvater«, hatten sie sich zugeflüstert, und ein bißchen hatte es geholfen. Nicht viel, aber ein bißchen.

Was hatten sie sich alles vorgenommen, wenn Vater das nächste Mal kommen würde. Mit Verachtung wollten sie ihn strafen, kein Wort mit ihm reden. Und dann hieß es plötzlich: »Was denkt ihr, wer auf euch wartet? Euer Vater ist da.«

Und sie stürzten hinunter, weil Besuch für sie da war. Weil man unter den anderen was galt, wenn man Besuch kriegte. Und hinterher erzählten sie, wieviel Geld ihr Vater ausgegeben hatte und wieviel das Essen gekostet hatte, das sie sich hatten aussuchen dürfen.

Jürgen holte ein Foto von der Wand. Da waren er und Thomas mit dem Vater in der Mitte in irgendeinem Park. Sie kniffen alle die Augen zusammen, weil die Sonne so tief stand. Und dem Vater wuchs ein kahler Ast wie ein Hirschgeweih aus dem Hut. Ein blödes Bild. Vater hatte eine Hose an, die ihm zu kurz war, und ein Jackett, das ihm zu knapp saß. Jürgen holte sich eine Schere von seinem Tisch und schnitt sorgsam den Vater aus dem Bild. Und als er den Vater draußen hatte, zerschnipselte er ihn zu ganz dünnen Streifchen.

Er war noch am Werken, da ging die Tür auf, und Bernhard kam rein, mit einem Geistlichen und einer jungen Frau, fast noch ein Mädchen. Sie gab ihm die Hand und sagte gleich, daß sie Irma heiße, und er fühlte sich ganz schlapp und schwach werden und stotterte, als sie ihn fragte, was er da gerade mache. Er konnte doch nicht sagen: »Ich schneide gerade meinen Vater in dünne Streifen.«

»Ach«, sagte Irma, »ich sehe, du hast da jemand rausgeschnitten.«

Ja, das Bild sei sonst zu breit und passe nicht mehr richtig an die Wand und überhaupt . . .

»Und wen hast du da herausgeschnitten?«

»Irgendeinen Kerl«, sagte er. »Der paßte da auch gar nicht hin. Außerdem war seine Hose zu kurz.«

Und Bernhard redete die ganze Zeit mit dem Geistlichen. Jürgen kriegte mit einem Ohr heraus, daß die beiden, der Mann und Irma, das Heim übernehmen wollten, provisorisch zunächst, und es ginge nur noch ums Geld. Ja, immer ging es ums Geld. Was die Stadt zahlte, und was die Wohlfahrtsverbände zahlten. Und die Caritas überlege noch. So war es immer.

»Der eine Junge bist du«, sagte Irma, »und der andere?«

»Mein Bruder«, sagte Jürgen mit trockenem Hals.

»Wie heißt er?«

»Thomas«, würgte er hervor. »Thomas heißt er.«

»Ist er unten im Hof?«

»Nein, der ist nicht unten. Der hat jetzt Familie.«

»Und du, warum bist du in deinem Zimmer?«

»Ich wollte mich nicht schmutzig machen, ich sollte wegfahren, in die Eifel, mit meinem Vater.«

»Und er ist nicht gekommen?«

»Der kommt nie.«

»Nun, manchmal vielleicht doch?«

»Selten. Aber oft verspricht er, daß er kommt, und dann kommt er nicht.«

»Wie bist du in der Schule, Jürgen?« wechselte Irma das Thema.

Er öffnete den Mund, wurde rot, und sie fragte nicht weiter.

»Was machst du am liebsten?«

»Basteln und auch Malen. Lustige Figuren, nicht Kunst und so.«

»Zeichne mir was.«

Er zeichnete zuerst einen Vogel und dann rundherum einen Käfig, der arme Vogel verschwand fast hinter den

Gitterstäben. Und zum Schluß zeichnete er dem Vogel noch eine Hundeleine um den Hals.

Sie verstand ihn, aber fragte dennoch: »Sagst du mir zu dem Bild irgend etwas?«

»Nein«, sagte er. »Außer, es ist eben ein Vogel.«

Sie gingen wieder. Der Mann nickte ihm zu, Bernhard rief: »Tschüs«, und sie, Irma, lächelte. Nicht übertrieben, aber erkennbar. Und seltsamerweise, davon blieb etwas im Zimmer zurück. Er spürte es. Und er konnte nicht sagen, warum und wie, aber sie machte ihm Hoffnung. Irma war nicht wie Schwester Mathilde, die sofort nachgab. Irma würde ganz anders mit der Güters reden und, wer weiß, vielleicht sogar Thomas zurückholen.

Das hatte er gespürt. Und das war seine Hoffnung.

Bevor Irma die Heimleitung offiziell übernahm, die Schwestern waren schon fort, ging er, um die Güters zur Rede zu stellen. Er machte es gleich nach der Schule, fuhr mit dem Bus nach Grünrade und ging das schmale Bergsträßchen hinauf, wo die Güters ein Haus gemietet hatten. Es war ein kalter Tag, ein unangenehmer Nordost blies, die Pfützen hatten Eisdecken, und ab und an bröselten ein paar Flocken aus dem bedeckten Himmel. Da wollte einer und konnte nicht.

Als Jürgen um die Ecke bog und den riesigen Möbelwagen vor dem Grundstück sah, spürte er die Kälte nicht mehr. Im Gegenteil, ihm war, als würde er verbrennen. Als hätte ihn einer mit Benzin übergossen und angezündet. Und er konnte sich nicht bewegen, war gelähmt.

Erst viel später rannte er los, um die Güters zu hindern, hier wegzuziehen. Er war schon nahe am Möbelwagen, da merkte er, daß die Leute nichts aus dem Haus heraus-, sondern in das Haus hineintrugen. – »Ich Idiot«, beschimpfte er sich. »Die haben nur neue Möbel gekauft, und ich rege mich auf. Ich blöder Hund!« Er kannte nicht genug Schimpfwörter, um sich damit zu schmücken, so glücklich war er. Erschrak, nur weil er einen Möbelwagen sah!

Er rannte an den Möbelpackern vorbei ins Haus, und wieder wurde ihm heiß. Die Güters waren fort, mit Thomas getürmt! Die Räume leer, einige frisch tapeziert, in einem anderen fand er noch die Handwerker.

Langsam drehte sich Jürgen um und ging zurück. Er fragte einen Packer vorm Haus, ob er was über die Güters wisse. Aber der wußte nichts. Der fragte nur: »Was hast du denn, siehst ja ganz blaß aus. Fehlt dir was? Tut dir der Bauch weh?«

»Nein«, sagte Jürgen.

»Hast vielleicht von denen noch was zu kriegen?«

Jürgen nickte.

Der Packer stellte einen Sessel in die Diele, sagte: »Setz dich hin«, und zündete sich eine Zigarette an.

»Viel Geld?« fragte er mitfühlend.

»Nein, nur ... Die hatten meinen Bruder. Nur so. Angenommen ...«

»Und mit dem sind sie einfach abgehauen, ohne dir was zu sagen?«

Jürgen nickte.

»Scheiße!« sagte der Packer und warf das Zündholz auf den Parkettboden.

»Ja, Junge, und da reden sie von Gerechtigkeit. Aber wenn du mal gemerkt hast, daß es die nicht gibt, hier nicht und im Himmel auch nicht, dann geht's dir schon besser. Wie sind die denn an deinen Bruder rangekommen?«

Jürgen erzählte es.

»Habt ihr was ausgefressen gehabt? Ich mein', weil ihr im Heim seid und so?«

Jürgen gab auch darüber eine Kurzfassung.

»Tja, Junge, wir wissen auch nicht, wo die hin sind. Die sind nicht mit uns umgezogen. Wir wissen nur, wer hier einzieht. Ein ehemaliger Diplomat. Mußte bis jetzt ein bißchen eng in 'ner Fünfzimmerwohnung wohnen. Konnte nicht alle Teppiche auslegen. Siehst du, das sind

Probleme. Deine sind gar keine.« Er machte eine Pause und betrachtete Jürgen genau. »Was willste denn werden?«

»Keine Ahnung.«

»Möbelpacker ist ein ganz schöner Job«, sagte der Mann. »Das können sie nicht automatisieren. Verstehst du? Hab' was anderes gelernt, Dreher, war Fabrikarbeiter, bin da gelandet ... Ist nicht uninteressant. Menschenkenntnis, verstehst du, Menschenkenntnis, die lernst du da.«

»Ich muß jetzt gehen«, sagte Jürgen.

»Warte mal.« Der Mann holte seine Geldbörse aus der hinteren Hosentasche und gab ihm einen Fünfer. »Kauf dir 'ne Kleinigkeit ... was du gerade so magst ...«

Jürgen sagte »danke« und rannte davon.

Im Heim, wo sie alle schon alarmiert waren, aß er mit Agnes, die bis zwei Schule gehabt hatte. Agnes war keine Leuchte, aber gutmütig.

»Hast du nachsitzen müssen?« fragte sie, den Blick über den Löffel auf ihn gerichtet.

»Ich doch nicht.« Und er berichtete ihr, daß er Thomas gesucht und dabei erfahren hatte, daß Güters abgehauen seien.

Agnes hatte Thomas immer gemocht, und sie fand es eine Schweinerei, daß die Leute mit Thomas einfach auf und davon seien.

Und dann war plötzlich alles anders.

Irma kam in den leeren Speisesaal und setzte sich ihm gegenüber auf den Stuhl. »Wir sind uns einig«, sagte sie, »daß du uns das nicht noch einmal machst. Verstanden? Einfach nach der Schule nicht zurückkommen!«

»Ich hab' ...«, sagte er.

Aber sie unterbrach ihn. »Und ich habe mir Sorgen gemacht«, sagte sie, »was glaubst du, wen ich alles angerufen habe.«

»Aber er wollte doch nur zu seinem Bruder«, sagte Agnes. »Und sie sind nicht mehr da. Einfach abgehauen.«

Irma fragte nach und machte sich Notizen. Sie sagte irgend etwas, das so klang wie Aufenthaltsbestimmungsrecht. Und daß sie in der Akte nachsehen werde ... »Und die Schule?« fragte sie dann. »Die Mathearbeit?«

»Zurückgekriegt«, sagte er.

»Die Note?«

»Drei.«

»Na, wunderbar! Weißt du, wie die Durchschnittsnote war?«

»Dreikommasiebenundsechzig.«

»Ich sag's ja, besser als der Durchschnitt. Mensch, Jürgen, das ist doch was!«

Er schob den Teller mit der dicken Eintopfsuppe weg. Viel war nicht mehr drin, zwei, drei Möhrenscheibchen. Weißkraut, Kartoffelstücke und ein paar weiße Bohnen. Das Fleisch hatte er gegessen.

»Schmeckt es dir nicht?«

»Ich kann nicht mehr.« Jürgen erzählte von dem Möbelpacker, den er kennengelernt hatte. Es war natürlich eine prima Sache, daß er ihm fünf Mark gegeben hatte, aber irgendwie beschäftigte ihn der Mann auch sonst. Er war freundlich gewesen, hatte ihm sogar einen Sessel hingeschoben, weiß und gold und rot.

Agnes brachte zwei Schüsselchen mit Pudding. Eins für Jürgen und eins für sich.

»Kannst du haben«, sagte er. Irgendwie hatte er Angst, Irma würde gehen, wenn er sich über den Pudding hermachte. »Iß ruhig. Ich mag das süße Zeug nicht. Pudding ist für Mädchen.«

Er sagte das alles nur, damit Irma es hören konnte. »Jetzt muß ich nur noch zusehen«, sagte er, »daß ich auch in Deutsch eine Drei kriege.«

»Das kriegen wir hin«, meinte Irma. »Du wirst ein paar Sprechübungen mit mir machen, mir ein bißchen was erzählen, und dann wirst du deine Nase in ein paar Bücher stecken. Da lernst du beim Lesen, wie man die Wörter richtig schreibt.«

»Der Lehrer hat sich ganz schön gewundert, als er die Mathehefte zurückgab«, berichtete Jürgen stolz. »Aber die neben mir hatten mehr Fehler, also konnte ich nicht von ihnen abgeschrieben haben.«

Jürgen trabte von der Schule nach Hause. Er hatte die Schultasche unter dem linken Arm, die rechte Hand hatte er in der Parkatasche. Als ihm einfiel, daß Irma immer schimpfte, wenn sie ihn so sah, und ihm prophezeite, daß er noch eine Rückgratverkrümmung kriegen würde, nahm er die Hand aus der Tasche und ließ die Schultasche hinunterrutschen, bis er sie beim Griff hatte.

Plötzlich bremste ein Wagen vor ihm scharf ab. Der Fahrer stieg aus und rief ihn über das Autodach hinweg an: »Hallo Jürgen, du bist doch Jürgen Limp, nicht wahr?«

Jürgen brauchte ein paar Sekunden, bis er begriff: Der Mann hinter dem Auto, der Kopf über dem Autodach war Wenz, Wenz, der Architekt.

»Tag«, sagte er und blieb in Lauerstellung. Was wollte Wenz von ihm?

»So ein Zufall!« rief Wenz. »Ich komme gerade von einem Bau, oben in der Nähe von Sankt Anton.« Wenz musterte Jürgen und sagte dann anerkennend: »Du bist gewachsen, du bist ja einen guten Kopf größer als damals.«

Jürgen stand verlegen herum und sagte schließlich: »Ich hab' nicht viel Zeit. Am Nachmittag ist Sport.«

»Komm, steig ein, ich bring' dich ins Heim.«

Jürgen zögerte. Als er aber zwei Klassenkameraden daherkommen sah, Kinder mit Familie, stieg er ein, damit es die anderen sehen konnten. Morgen würden sie ihn fragen: »Du, wer war denn das? Der hat vielleicht 'nen Wagen.«

Und er würde ganz gelassen antworten: »Was? Ihr meint den mit dem Vierhundertfünfziger? Das war ein Architekt, mit dem ich befreundet bin.«

Er saß rechts neben Wenz, der ihm nun die Hand

reichte. Und irgendwie roch es da auch nach seiner Frau, diesem Aas, das alles vermasselt hatte. Es war nicht mehr der alte Wagen, in dem er mit Thomas gefahren war, sondern ein ziemlich neuer, er roch auch noch danach, nach frischem Lack und neuem Leder. Man hörte den Motor überhaupt nicht, als der Wagen anfuhr.

»Wie geht es euch?« fragte Wenz.

»Danke«, sagte Jürgen. »In der Schule bin ich jetzt besser.«

»Sieh mal an. Und Thomas?«

»Der wird wohl auch besser sein.«

»Wieso? Weißt du das nicht?«

»Nö. Thomas ist jetzt bei einer Familie.«

»Was? Und du nicht?«

»Nein.«

»Ja, warum denn nicht?«

»Die Frau wollte mich nicht. Bin ihr auch nicht hinten reingekrochen.«

»Und wo wohnt er jetzt?«

»Weiß ich nicht. Die haben das Aufenthaltsbestimmungsrecht. Und . . . Ich glaub', das Jugendamt findet es besser, wenn ich nicht weiß, wo er wohnt. Sind von hier weggezogen.«

»Das gibt's doch nicht! Da hat man euch einfach auseinandergerissen?«

»Die wußten ja nicht, was mit dem Heim passiert.«

»Das darf ich meiner Frau gar nicht sagen. Die macht sich ohnehin schon Vorwürfe. Wie lange ist das jetzt her?«

»Mehr als anderthalb Jahre, nein, zwei Jahre.«

»Eben, du bist ja viel größer. Und du hast auch schon den Stimmbruch hinter dir.«

Sie fuhren schon durch die Stiftsgasse, wo das Heim lag. »Ich bin da«, sagte Jürgen. »Danke fürs Herbringen.«

»Mir geht das mit deinem Bruder nicht aus dem Kopf«, meinte Wenz und fuhr den Wagen halb auf den Gehsteig.

Jürgen schwieg.

»Ihr habt euch doch gemocht. Nicht wahr? Ich hatte

zumindest den Eindruck. Damals. Du hast dich doch ein bißchen für ihn verantwortlich gefühlt? Oder hab' ich mich getäuscht, Jürgen?«

Jürgen sagte: »Hier ist Halteverbot.«

»Kann ich irgend etwas für dich tun? Sag es mir.«

»Ja.«

»Und was?«

»Ich kriege die Gurte nicht auf.«

»Hast du genug Taschengeld?«

»Mein Vater war erst Sonnabend da«, log Jürgen und öffnete die Tür. »Er hat mir fünfzig Mark dagelassen.«

»Soll ich mit der neuen Heimleitung sprechen, damit du übers Wochenende zu uns kommen kannst?«

»Ich krieg' jetzt jedes Wochenende Besuch. Und manchmal nimmt mich Vater auch in die Eifel mit, dort hat er einen schicken Bungalow.«

Wenz schien nicht recht zu wissen, ob er das glauben sollte oder nicht. »Nun ja«, sagte er schließlich, »war schön, dich wieder mal gesehen zu haben. Du bist uns wohl noch immer böse?«

»Keine Spur, Herr Wenz«, sagte Jürgen. »Tschüs.«

Oben in seinem Zimmer feuerte er die Tasche in eine Ecke, schmiß sich aufs Bett und heulte.

»Nun, was war?« Irma fragte nicht besorgt oder mitleidig. Sie fragte ganz nüchtern, so, als hätte er etwas ausgefressen, und sie wollte wissen, was los war. »Erzähl!«

Sie saß an seinem Bett, die Beine in den Jeans weit weggestreckt und schien viel Zeit zu haben.

»Zufällig habe ich gesehen, daß du mit einem schicken Wagen angebraust kamst. Kennst du den Mann?«

»Er steht in der Akte«, sagte Jürgen schließlich.

»Wie heißt er?«

»Wenz. Architekt Wenz.«

»Der mit dem Mansardenausbau?«

»Genau.«

»Hast du ihn seither öfter gesehen?«

»Nein, nur heute. Ganz zufällig. Ich hätte ihn gar nicht bemerkt. Er hat mich gesehen.«

Nach und nach kriegte sie alles aus ihm heraus. Was Wenz gesagt hatte, und was Jürgen gesagt hatte. Natürlich hatte er auf die Pauke gehauen. Aber das war nur ein Teil der ganzen verrückten Situation. Sie war wütend darüber, wie das hier alles gelaufen war, wollte es aber Jürgen nicht zeigen.

»Ich werde Kontakt mit den Güters aufnehmen«, versprach sie. »Ich will es versuchen. Du mußt mir nur Zeit lassen; man kann leicht noch mehr kaputtmachen, wenn man so etwas übers Knie brechen will.«

Er nickte fast teilnahmslos und ließ sich von ihr in den Speisesaal ziehen.

Am nächsten Tag hatte er noch den kleinen Triumph in der Schule. Nicht nur zwei, sondern fünf hatten ihn in den tollen Wagen steigen sehen.

»Wer war denn das?« wollten sie wissen.

»Hm, ein Architekt. Kam gerade von einer Baustelle.«

»Wie heißt er?«

»Wenz.«

»Ist das der Wenz, der auch die Sparkassenzentrale baut?«

»Möglich, interessiert mich nicht so.«

»Wieso kennst du den?«

»Er will mich immer adoptieren.«

»Und du willst nicht? Hast wohl Mattscheibe, wie?«

»Er wäre ja soweit in Ordnung, aber . . .«

»Aber?«

»Seine Frau gefällt mir nicht.«

»Ist sie nicht hübsch?«

»Doch, sieht gut aus, ehrlich, aber sie ist mir zu überspannt, das geht nicht gut. Nicht auf die Dauer.«

»Also, bei so einem Wagen würde ich schon ein Auge zudrücken.«

»Vielleicht überleg' ich es mir noch. Viel Chancen kann ich ihr allerdings nicht geben.«

Als Jürgen mittags von der Schule heimging, spähte er nach dem Wagen von Wenz aus, aber er sah ihn nicht. Das Hochgefühl, das sich beim Gespräch mit den anderen eingestellt hatte, verflog. Verdammt, er hätte wenigstens das Geld nehmen können, das ihm Wenz schenken wollte.

Beim Essen nörgelte er an allem herum, später legte er sich mit Heinz an und zahlte ziemlich drauf. Es war ihm nicht wohler danach, die Oberlippe war innen aufgeplatzt und erinnerte ihn ständig an seine Niederlage. Sein Schädel brummte. Kein Wunder, daß er nachher zwei Kleinere verprügelte, die heulend zu Irma rannten.

Sie fragte gar nicht erst, warum er das getan hatte, und sie hielt ihm auch keinen stundenlangen Vortrag. Sie sagte nur: »So wirst du deine Probleme nicht los.« Und als er maulte und sich ein bißchen selbst bedauerte, verwies sie ihn an Susanne. Die hatte jetzt schon die vierzehnte Operation hinter sich, um zu einer neuen Nase zu kommen. Und sie mußte den Kopf ganz schief halten zur Schulter hin, weil ein Streifen Haut da anscheinend noch mit der Schulter verbunden war.

»Mit Susanne?« fragte er zurück. Mit Susanne würde er sofort tauschen. »Bei Susanne sieht man, was man ihr angetan hat.«

»Du weißt ganz genau, daß Susanne einen seelischen Knacks hat. Sie rennt noch immer schreiend vor jedem Mann davon. Du bist nie geschlagen worden, nie mißhandelt.«

»Ich werde mißhandelt!« schrie er zurück. »Nur sieht man's nicht.«

»Gut, die Sache mit deinem Bruder. Zugegeben. Ich habe die Akten durchgesehen. Ich sagte dir schon, wir können nichts übers Knie brechen. Hast du dich übrigens schon mal gefragt, und das mußt du, Jürgen, damit mußt du dich beschäftigen, ob Thomas sich nicht dort wohl fühlt? Ob er überhaupt noch mal hierher zurück will?«

»Er will«, sagte Jürgen, »ich weiß das. Schließlich bin ich sein Bruder.«

»Verlaß dich nicht allzusehr darauf«, sagte Irma und ließ ihn stehen.

Am nächsten Sonnabend dachte er, er würde verrückt. Er sollte hinunterkommen. Besuch sei da. Aber es war nicht Wenz. Es war Vater.

»Ich bin wieder mal hier«, sagte der. »Ich weiß, ich hätte früher kommen sollen. Aber du weißt ja, wie das geht. Arbeitsüberlastung. Termine, Termine, Termine.«

»Ja, ja«, sagte Jürgen gelangweilt. »Ich weiß.«

»Nichts weißt du«, sagte Vater. »Zum Beispiel überhaupt nicht, was dir heute bevorsteht. Da wirst du staunen, mein Lieber. Wo das heute hingeht! Nimm deinen Schlafanzug und 'ne Zahnbürste mit. Du wirst staunen, sag' ich dir.«

Jürgen rannte hinauf, borgte sich von Heinz einen Matchsack, stopfte ihn voll, und war schon wieder unten. ›Es geht in die Eifel‹, dachte er. ›Nichts wie ab in die Eifel.‹

Aber es war nicht die Eifel, in die sie fuhren. Sie zuckelten zunächst mit der Straßenbahn an den nördlichen Stadtrand hinaus, marschierten am städtischen Bauhof und am Gaswerk vorbei, gelangten zu zwei, drei Gleisunterführungen und bogen dann links in einen mit Schlacke aufgeschütteten Weg ein.

»Prima, was?« fragte Vater.

Jürgen blieb schleierhaft, was hier prima sein sollte. Den mit Holunder und Brennesseln bewachsenen Bahndamm konnte Vater nicht meinen, den schwarzen, staubigen Weg mit Disteln und Kletten am Rand auch nicht. Wahrscheinlich hatte er die kleine Laubenkolonie im Auge, die rechts von ihnen lag. Vater schien sich hier auszukennen, er grüßte die Leute in ihren winzigen Gärten. Männer mit nackten Bäuchen und Frauen mit geblumten Röcken und oben nur mit einem Büstenhalter an. Es fiel Jürgen leicht, nicht hinzugucken.

»Ist das ein Wetter?« fragte Vater die Leute.

Und die Antwort war: »Heut' abend werden wir gießen müssen« oder: »Gucken Sie sich unsere Erdbeeren an« oder: »Wir müssen das Spinatbeet räumen, mögen Sie welchen?«

Und Vaters Antwort war: »Das ist mein Sohn.«

Und jedesmal, wenn sein Vater »das ist mein Sohn« sagte, war es Jürgen, als müsse er in den Erdboden versinken und sich zu den Maulwürfen schlagen.

Endlich am Ende des Weges waren sie da. Der Bahndamm links, der sie bis hierher begleitet hatte, vereinigte sich mit einem anderen, der von rechts kam. Der Garten, in den Vater trat, war ein sehr spitz zulaufendes Dreieck.

»Martha«, rief er, »Martha, wir sind da!«

»Moment!« schrie eine Frau in der Laube drinnen, »ich muß mir eine Bluse anziehen.«

»Immer müssen sich die Weiber schönmachen«, sagte Vater entschuldigend. »Weißt du, sie will dir imponieren, Junge.«

Jürgen tat, als wisse er das. Er las den Namen an der Tür: *M. Karsunke.*

Und dann teilten sich die grünen, roten und gelben Plastikstreifen an der offenen Tür zur Laube, und Martha trat heraus. Falls sie sich schöngemacht hatte, war nicht viel davon zu merken. Sie trug blaue Shorts und eine rosa Bluse, deren Knöpfe spannten. Auch die Shorts hätte sie besser nicht getragen.

»Siehst du, Junge, das ist Martha«, sagte Vater. »Sag ruhig Martha und du zu ihr, nicht wahr, Martha?« Er gab ihr einen Klaps auf den Po.

»Natürlich«, sagte Martha, und sie reichte Jürgen eine Hand, die weich und etwas feucht war.

»Das ist mein Sohn Jürgen«, sagte Vater dazu. Es wäre Jürgen lieber gewesen, er hätte das nicht gesagt. Sein Vater, wer war das?

»Hübscher Junge«, sagte Martha, »muß 'ne schöne Mama gehabt haben, denn nach dir geht er nicht.«

»Da kannste Gift drauf nehmen, daß die Mama schön war, und was heißt, er geht nicht nach mir? Von mir hat er den Verstand, nicht wahr, Jürgen?«

»Schon möglich«, sagte Jürgen. Und dann mußte er in die enge Laube rein, und die war ja auch ganz gemütlich. Ungemütlich wurde sie durch das geschraubte Benehmen von Martha. Sie hatte den Kaffeetisch gedeckt, Sammeltassen, recht bunt und mit viel Gold, und bunte Servietten neben die Kuchenteller gelegt, die nicht ganz zu den Sammeltassen paßten.

»Den Kuchen hat sie selbst gebacken«, erklärte Vater, »nicht wahr, Martha? Mein Lieber, so 'n Kuchen kriegst du sonst nicht.«

Jürgen saß auf einem alten Sofa. Eine Sprungfeder drückte ihm unangenehm ins Gesäß und quietschte, wenn er sich bewegte.

»Nimm schön die Serviette, Junge«, sagte Martha.

Jürgen nahm die Serviette.

»Nein, nicht in die Hand, auf die Knie.«

Er legte die Papierserviette auf die Knie. Sie fiel ihm herunter, und er mußte auf Tauchstation gehen. Unter dem Sofa fand er die Serviette schließlich. Als er wieder auftauchte, hatte Martha schon den Kaffee in die Tassen gegossen und die Schlagsahne auf den Tisch gestellt.

»Greif zu, Junge«, empfahl Martha, »aber vorher wollen wir uns noch schön guten Appetit wünschen.« Sie nahm seine und Vaters Hand, und er mußte auch Vater bei der Hand nehmen, und dann mußten sie es wiederholen, weil's beim erstenmal nicht gut genug war. »Guten Appetit.«

So, endlich ließ ihre feuchte Hand die seine los.

Im gleichen Moment erschrak er. Die Laube begann zu beben, die Tassen zu hüpfen, und dann donnerte draußen ein Zug vorüber. Der Fahrwind wehte die Plastikstreifen zur Tür herein. Vater sah auf seine Uhr und nickte. »Der IC von Hamburg«, sagte er befriedigt. »Hat nur drei Minuten Verspätung.«

»Der IC fährt heute nicht. Ist doch Sonnabend, Mann.«

»Dann fuhr gerade ein anderer Zug vorüber«, erklärte Vater, »der hat dann allerdings mehr Verspätung.«

Jürgen mampfte den Kuchen hinunter, der den Namen Sandkuchen zu Recht trug, und schüttete den Kaffee nach, damit er Mund und Hals frei bekam. Vater wollte etwas sagen, aber Martha fand, daß er mit vollem Mund nicht sprechen solle. Es wurde quälend.

»Auch Kaffee trinkt man nicht«, sagte Martha zu Jürgen, »wenn man den Mund noch voll Kuchen hat.«

»Aha«, sagte er verlegen, »ich dachte, damit ich ihn besser runterkriege.«

»Ich weiß nicht, wie du dich so benehmen kannst«, meinte Vater. Zunächst dachte Jürgen, Vater mache Spaß, erst viel später merkte er, daß Vater unter Marthas Fuchtel stand. Dann nämlich, als sich Vater einen seiner schwarzen, filterlosen Glimmstengel anzünden wollte. Er mußte die Laube verlassen, wenn er rauchen wollte. Und zwar augenblicklich. Sie hatte die Vorhänge frisch gewaschen.

Jürgen betrachtete die Vorhänge, die etwas größer als ein Männertaschentuch waren, und so blendend weiß wie in der Fernsehreklame waren sie auch nicht.

Etwas später meinte Vater: »So, jetzt zeig' ich dir den Garten. Du mußt nämlich eines wissen, Martha ist eine große Gärtnerin. Aus Liebe, verstehst du.«

»Nein, zuerst wird der Tisch abgeräumt und gespült. Und ihr helft mir dabei.«

Dann war es noch immer nicht gut, denn das Geschirr mußte weggeräumt und dann das Tischtuch ausgeschüttelt und der Boden gefegt werden.

Erst danach durfte Jürgen das sensationelle Wachstum der Erdbeeren betrachten, den grünen Salat, der nirgends so grün, und das rote Radieschen, das nirgends so rot war.

»Und guck dir die Johannisbeeren an und erst die

Stachelbeeren!« Vater zeigte die Größe der Früchte. Es war zu befürchten, daß die Johannisbeeren so groß wie Weintrauben und die Stachelbeeren so groß wie Äpfel würden. »Willst du 'ne frische Möhre haben?«

Jürgen war zwar kein Kaninchen, aber er fand, es wäre gut, wenn er ja sagte. Martha zog eine Möhre aus dem lockeren Boden, und es war wirklich staunenswert, wie die Möhre da unten eine so kräftige leuchtende Orangefarbe erhalten hatte. Und dann kam der Sauerkirsch-, der Mirabellen- und der Pflaumenbaum an die Reihe. Und zwischendurch donnerten die Züge vorüber, nach Nord und Süd und West, und Reisende standen an den Fenstern und winkten in den Garten herunter.

Manche Züge fuhren vielleicht auch in die Eifel. Jürgen wußte es nicht.

Erst nach dem Abendessen konnte er sich ein bißchen befreien. Er verließ den Garten, und ein paar Schritte weiter fragte ihn ein Mädchen, ob er Federball spielen könne.

Er sagte ja.

Sie spielten auf dem Schlackenweg Federball. Der Boden staubte schwarz unter ihren Schritten und Sprüngen, und manchmal streifte sie ein kühler, nasser Schauer.

Die Kleingärtner tränkten ihren Boden.

Das Mädchen hieß Gerti und hatte blondes Haar und einen Mittelscheitel und das gescheitelte Haar seitlich zu zwei Schöpfen gebunden. Sie hatte blaue Shorts und ein rotes T-Shirt an, das ihr immer aus der Hose rutschte und ihre nackte braune Haut an der Hüfte zeigte. Wenn sie sprang, um den Federball noch zu erreichen, hüpften ihre kleinen Brüste.

»Nicht so hoch!« rief sie. Aber er tat, als könne er es nicht anders, und freute sich, wenn sie hüpfte.

Man konnte hier gut Federball spielen. Auf dem Weg war es durch die Bahndämme, die den Wind abhielten, windstill. Nur wenn ein Zug vorbeibrauste, kam es zu heftigen Turbulenzen. Einmal trug es den Federball den

Damm hinauf in einen Holunderbusch. Sie rannten gleichzeitig los, um den Ball zu suchen, fanden sich im Busch, stellten fest, daß sie von den anderen nicht gesehen werden konnten, und plötzlich hörte jeder für sich sein Herz klopfen, ganz laut, als säße es im Ohr.

Sie lachte leise, etwas verlegen, und zog das T-Shirt nach unten, versuchte es in ihre knappen Shorts zu stecken. Und er lachte auch. Und sie beide wußten, daß sie nicht viel Zeit hatten. Sie hockten sich hin, und er zog das T-Shirt aus ihrer Hose und legte eine Hand auf ihre nackte warme Hüfte. Mehr wagte er nicht.

Sie lächelte, und er lächelte.

Sie roch nach Zwiebeln, aber das störte ihn nicht. Sie fragte auch gleich: »Riech' ich nach Zwiebeln? Wir haben nämlich schon für morgen Gulasch gekocht.«

Und er sagte: »Macht doch nichts. Du riechst gut.« Und dann hatten sie auch den Federball und traten wieder hinaus in die sichtbare Welt. Er verbrannte sich noch an den Brennesseln. Sie wurden wieder lauter. Niemand hatte gemerkt, daß im Holunderbusch etwas geschehen war. Eine kaum merkliche Veränderung der Welt hatte sich zugetragen. Sie spielten auch nicht mehr Federball, sondern gingen auf und ab.

Gerti zeigte mit dem Kopf zu Martha und Vater hin, die Kannen schleppten. »Deine Eltern?«

»Nein«, sagte er, ohne rot zu werden. »Ich bin ein Waisenkind. Mein Vater war Flugkapitän bei der Lufthansa. Und meine Mutter Stewardeß.«

»Und?« fragte Gerti voll Angst.

»Wie's so kommt«, sagte er. »Beide abgestürzt. Zum Glück im selben Flugzeug.« Er verlegte die Katastrophe schnell nach Afrika und ließ seine Eltern auch dort begraben sein. So war er der Sorge enthoben, Gerti das Grab zu zeigen.

Sie empfand Mitgefühl und lehnte sich ganz leicht an ihn.

»Du Armer«, sagte sie. »Wie alt warst du damals?«

Er rechnete und entschied sich dann, fünf gewesen zu sein, sein Bruder war damals vier.

»Und die Leute dort hinten im Schrebergarten?«

»Die? Ach, der meint, daß er sich hie und da ein bißchen um mich kümmern muß. Sie hab' ich heute zum erstenmal gesehen.«

Oben donnerte wieder ein Zug vorüber. In den Waggons brannte schon Licht. Er nahm sich vor, es noch ein bißchen dunkler werden zu lassen, dann würde er wieder ihr T-Shirt aus den Shorts zupfen und . . .

»Gertiii!« rief da eine grelle Frauenstimme. Gerti zuckte zusammen. »Ja!«

»Rrrreinkommen!«

»Tschüs«, sagte Gerti, und weg war sie.

Als er in die Laube kam, brannte die Lampe über dem Tisch, und Martha und sein Vater lasen dicht aneinandergedrängt in einem Groschenromanheftchen. Vater hatte eine Hand in der Bluse von Martha und zog sie auch nicht raus, als Jürgen näher trat.

»Wasch dich und dann ab in die Falle. Dein Bett steht in der Veranda«, befahl Vater.

»Ist nur ein Klappbett«, sagte Martha, »aber für eine Nacht reicht's.«

Jürgen hatte eigentlich sagen wollen, daß er noch nicht müde sei, fügte sich aber widerspruchslos. Was sollte er mit Vater und Martha reden? Er wusch sich vor dem Haus, spülte sich den Mund und zog sich dann in der Veranda aus. Diese Veranda war mehr ein Abstellplatz für Gartengeräte. An der Decke hingen Zwiebel- und Knoblauchzöpfe, Spinnweben und leicht angestaubte Strohblumen.

Als er sich hinlegte, quietschte das Bett, als hätte es Schmerzen. Nur wenn er vollkommen regungslos lag, gab das Bett keinen Laut von sich.

Er überlegte. Wenn er morgen mit Gerti wieder Federball spielte, wollte er versuchen, weniger schüchtern zu sein.

Aber am nächsten Tag, dem Sonntag, durfte Gerti nicht aus dem Garten. Sie stand hinter einem Johannisbeerstrauch, als sie ihm diese enttäuschende Mitteilung machte.

»Sie haben es mir verboten«, sagte sie. »Weil du aus dem Heim bist. Und sie sagen, der Lump sei doch dein Vater.«

»Alles nur Angabe«, sagte er. »Du weißt ja.«

»Das glaub' ich dir auch.« Als Gertis Mutter vor dem Häuschen erschien, fragte Gerti schnell: »Wo wohnst du?« Und sie versprach, nachdem er das Heim genannt hatte, ihn zu besuchen.

»Du kommst gerade recht«, sagte Vater, als Jürgen enttäuscht zurückkehrte. »Ich wollte dir nämlich sagen, was ich hier alles so vorhabe.«

Der Vater erzählte viel. Irgendwo hatte er Stierhörner herumliegen, die wollte er über den Garteneingang hängen und drunter ein Schild mit den Worten *Ponte Rosa.*

Vor der Laube würde er das Rundbeet, das von Glasaschenbechern eingerahmt war, vollkommen neu gestalten. Hier würde er ein rundes Mäuerchen hochführen. »Ein künstlicher Brunnen, verstehst du? Wie in der Pußta.« Und an lauen Sommerabenden bei Gartenparties konnte man den Grill danebenstellen und drauflosgrillen. »Hörst du mir zu?«

»Ja«, sagte Jürgen, obwohl er gar nicht zuhörte, denn drüben im Nachbargarten pflückte Gerti Erdbeeren. Sie hatte sich dazu zweckdienlich angezogen und trug einen winzigen Bikini. Ab und zu warf sie den Kopf hoch und guckte zu ihm herüber. Jürgen schickte ein Lächeln zu ihr, und er wußte, daß sie kommen würde.

»Hörst du mir überhaupt zu?« fragte Vater, der gerade dabei war, zu berichten, wieviele Zwerghühner er anschaffen wolle und was sonst noch. Ganz so, als sei der winzige Schrebergarten endlos wie die Ponte Rosa.

Da rief Martha zum Mittagessen. »Iß, Junge, greif zu«, sagte sie immer wieder, aber er hatte plötzlich Magensperre. Obwohl es herrlich schmeckte, war ihm, als müsse er erbrechen.

Sie saßen im Freien unter dem Sonnenschirm, die Züge donnerten vorüber, und von drüben, wo Gerti war, roch es nach Gulasch.

Gerade, als Martha von ihm verlangte, daß er sich hinlegen und verdauen solle, gerade da stand er auf und sagte, er müsse zurück.

»Kein Kaffee mehr?« fragte sie enttäuscht. »Ich habe Marmorkuchen gebacken, eigens für dich.«

»Ich muß gehen«, sagte er.

Schließlich ließen sie ihn ziehen. Er merkte, daß sie sich leicht damit abfanden, schließlich störte er ja doch bloß. Er hätte nur gerne an der neuen Gartenpforte mitgearbeitet, und er sagte es auch. »Wann machst du das neue Tor?«

»Ach, irgendwann mal, in nächster Zeit«, sagte Vater.

»Ich hol' dich, damit du mir hilfst.«

»Moment mal, welches neue Gartentor?« fragte Martha.

»Ach, nichts«, wehrte Vater ab. »Jürgen hatte so 'ne Idee, und ich fand sie gut. Nicht, Jürgen, wir machen das. Abgemacht.«

»Abgemacht«, sagte Jürgen.

»In zwei Wochen«, sagte Vater. »Ich hol' dich wieder.«

»In zwei Wochen«, sagte Jürgen.

Zwei Wochen lang dachte er nicht daran. Irgendwie war alles quergelaufen. Er hatte das gar nicht so gewollt. Er hatte nett sein wollen und lieb, zu Bernhard und vor allem zu Irma. Aber es ging nicht. In ihm war alles wie in einem Stoß Hölzer durcheinandergeraten. Früher hatte er sich manchmal bei Irma untergehakt und die Stirn an ihre Schläfe gepreßt, und sie hatte seine Schulter geklopft. Das war nun nicht mehr so. Jetzt war er klotzig und frech, wenn sie etwas sagte. Und sie steckten alle unter einer Decke. Sie verstanden die Sache mit der Güters. Aber nicht ihn, sondern sie. Sie stellten sich auf die andere Seite.

Wenn ihn der Lehrer in der Schule fragte, hielt er die Schnauze und sagte nichts. Sollte er mal näher rankommen und fragen: ›Jürgen, was hast du denn?‹

»Aha«, sagte der aber nur, »wieder mal nichts gelernt.«

Und dieses ›wieder mal‹, das ärgerte ihn. Ganz einfach, weil es nicht stimmte, er hatte eine ganze Menge gelernt, für Irma, und jetzt wollte der blasse Brillengeier da vorne das nicht mehr wahrhaben.

Von Gerti kam ein Brief. Ein Brief war immer gut, aber nicht dieser. Ein Brief auf Kinderbriefpapier. Ein großer, roter Apfel, wenn man das Briefpapier auseinanderfaltete. Heinz lachte sich blöd über diesen Brief, und obwohl Jürgen wußte, daß er draufzahlen würde, ging er auf Heinz los. Bis Bernhard da war, blutete er schon aus der Nase. Heulend ging er auf sein Zimmer und las den Brief. Das heißt, er wollte ihn lesen, aber immer wieder verschwammen die Buchstaben, und dabei hatte das Mädchen eine Schrift wie eine Erstkläßlerin!

»Lieber Jürgen«, las er später. »Ich hätte noch so gerne ›auf Wiedersehen‹ gesagt letzten Sonntag. Aber da warst du schon weg. Und jetzt wirst du wohl nicht mehr kommen, weil Frau Karsunke ihren Garten aufgegeben hat. Es sind schon neue Leute drauf. Es warten ja immer welche auf einen Garten. Sie haben kleine Kinder, und wir hatten schon Krach mit ihnen, weil das Mädchen so laut ›Mama, Mama‹ schreit.

Ich schreibe dir wieder. Und wenn Vater die Kur bewilligt bekommt, sehen wir uns auch wieder, weil er dann fortfährt und Mama bei ihm ist.«

Er steckte den Brief hinter den Plastikumschlag eines Heftes und war unglücklich. Alles, aber auch wirklich alles fand später mal statt. Vater war, ohne ihn zu verständigen, abgehauen. Rührte sich einfach nicht. Und Thomas rührte sich nicht. Rührte sich nicht, als hätte es ihn nie gegeben.

Am nächsten Tag stand Jürgen nicht auf. Er lag im

Bett, guckte sich die vielen Fotos von Thomas an der Wand an und sagte: »Ich geh' nicht in die Schule.«

»Warum nicht?«

»Weil ich nicht mag.«

»So«, sagte Bernhard, »und was magst du?«

»Ich will Thomas sehen.«

»Mensch, komm, mach keine Zicken«, sagte Bernhard gutmütig.

»Ich mach' keine. Ihr macht sie.«

Bernhard versuchte es andersherum. »Ich hau' dir eine runter, wenn du nicht aufstehst.«

Jürgen drehte sich herum, sah ihn an und sagte: »Los, schlag zu, wenn du dich traust.«

»Jürgen«, flehte Bernhard, »hör doch, du kannst einen wirklich auf die Palme bringen.«

Jürgen hatte sich wieder herumgedreht und sagte: »Ich geh' einfach nicht. Hol die Polizei, wenn dir das Spaß macht.«

Später kam Irma.

»Jürgen«, sagte sie, »du gehst jetzt in die Schule.«

»Ich gehe erst, wenn Thomas da ist.«

»Nein, du gehst jetzt. Es ist deine Pflicht, in die Schule zu gehen.«

»Und es ist mein Recht, daß ich einen Bruder habe!« brüllte er, daß sich seine Stimme überschlug.

»Mit Schreien löst du dein Problem nicht.«

»Dann bleib' ich eben leise liegen.«

»Gut«, sagte Irma. »Ich werde diese Frau Güters noch einmal anrufen, und wenn das nichts nützt, setze ich Himmel und Hölle in Bewegung. Sie muß mit Thomas hier erscheinen. Genügt dir das?«

»Erst will ich Thomas sehen. Und zwar unbedingt heute noch.«

»Nein, mein Lieber. Du gehst jetzt in die Schule, und ich verspreche dir, daß ich Thomas herbeischaffe.«

Er zog sich das Kissen über den Kopf, und Irma hielt die Sache schon für aussichtslos, da warf er das Kissen weg und sagte: »Gut, ich gehe. Aber wehe, du schaffst mir Thomas nicht herbei.«

»Ich lasse ihn kommen. Ich kann dir aber nicht versprechen, daß er hierbleibt. Das ist schließlich Thomas' Sache.«

»Thomas ist lieber hier«, sagte Jürgen, »das fühle ich. Schließlich bin ich sein Bruder.«

Aktenauszug Jürgen Limp

Als Jürgen durch den Brief eines Mädchens erfuhr, daß die Lebensgefährtin seines Vaters ihren Schrebergarten abgegeben hatte, sackten seine schulischen Leistungen stark ab. Wir konnten in Erfahrung bringen, daß sein Vater wieder geheiratet hatte und nach Hamburg verzogen war. Jürgen wurde weder vom einen noch vom anderen unterrichtet.

Das Theater fand am Sonntag statt.

Frau Güters kam mit Thomas allein. Weder ihr Mann noch eine ihrer Töchter waren dabei. Frau Güters fuhr scharf an die Bordsteinkante, riß die Tür auf, zerrte Thomas aus dem Wagen und fauchte: »Jetzt sag denen endlich, was du ihnen sagen willst.«

Sie läutete an der Pforte Sturm, und da Irma öffnete, kam es gleich zum Krach.

»Was Sie in letzter Zeit mit Ihren Anrufen getrieben haben«, sagte Frau Güters zur Begrüßung, »grenzt an Hausfriedensbruch! Ich überlege noch, ob ich meinen Anwalt einschalten soll.«

»Guten Morgen, Frau Güters«, sagte Irma kühl. »Wollen Sie bitte in das Besuchszimmer kommen?«

»Ich bin kein Besuch, also werde ich auch nicht das Besuchszimmer betreten. Wir werden sehr schnell miteinander fertig sein. Sehr schnell. Holen Sie endlich Jürgen herunter.«

»Moment, ich werde Jürgen sofort kommen lassen. Vorher wollte ich doch – oh, Entschuldigung, du bist wohl Thomas, verzeih, ich wollte dich zwar gleich begrüßen, aber . . .«

»Beeinflussen Sie das Kind nicht! Thomas weiß genau, was er sagen will und was er denkt. Ihre Freundlichkeiten stimmen ihn nicht um.«

»Um so mehr kann ich zu ihm freundlich sein.«

Thomas verzog die Mundwinkel zu einem verlegenen Lächeln und starrte auf irgendeinen Punkt des gefliesten Fußbodens im Flur. Er trug eine sandfarbene lange Hose, einen dunkelbraunen Blazer, ein cremefarbenes Hemd und eine dunkelbraune Fliege.

Dazu sehr sauber gewichste dunkelbraune Schuhe. Es gab bestimmt Leute, die Thomas in dieser Aufmachung niedlich oder gut angezogen fanden, und andere, die ihn als eine Art Kleiderständer oder als Schaufensterpuppe ansahen. Das war Geschmackssache.

»Wollen wir nicht doch ins Besuchszimmer?« versuchte es Irma noch einmal.

»Nein, ich warte hier.«

Heinz holte Jürgen. Und man hörte Jürgen schon lange, bevor man ihn sah. Er polterte die Treppe herunter und mußte vor jedem Treppenabsatz einen Sprung über drei oder vier Stufen machen.

Erst als er näher kam und Thomas sah, wurde er langsamer.

Thomas starrte noch immer auf den Fußboden.

Heinz, der ein paar Schritte hinter Jürgen angelaufen kam, begann zu ahnen, daß das nicht gutgehen konnte. Er blieb noch mehr zurück, stand schließlich, und als er sah, daß es mit der Begrüßung nicht klappen würde, legte er sachte den Rückwärtsgang ein. Erst auf der Höhe des Treppenhauses fühlte er sich einigermaßen sicher. Gleich würde es Krach geben, das spürte er.

Er betrachtete die Güters: schwarzes Kostüm, schwarze Lackschuhe und so eigenartig milchige Strümpfe. Sah aus, als hätte sie kein Blut in den Beinen, nur Milch. Magermilch.

›Mensch‹, dachte Heinz, ›mit der in einem Zimmer allein, und mir bricht der Angstschweiß aus. Und erst Thomas! Mann, den kannte er doch! Aber das war gar nicht mehr Thomas, das war nur ein Anzug mit Füllung. Da hätte man jeden reinstecken können, auch Stroh, das wäre genauso lebendig gewesen.‹

Jetzt streckte Jürgen die Hand aus. Und Thomas stand noch immer da, als hätte er einen Frosch verschluckt.

»Thomas, du kannst deinem Bruder schon die Hand geben«, sagte da Irma mit ihrer ruhigen, dunklen Stimme.

»Beeinflussen Sie ihn nicht!« schrie da die Schwarze. »Wenn er nicht will, will er nicht. Schluß, aus.«

»Was ist«, fragte Jürgen, »willst du mir wirklich nicht die Hand geben?«

Es entstand eine Pause, und Heinz, der gewiß nicht übertrieben empfindsam war, spürte, wie sich da etwas zusammenzog. Es gab keine schwarzen Wolken und nichts, aber gleich würde es ein Donnerwetter geben. Die Schwarze stand da und guckte Jürgen an wie eine Amsel den Regenwurm.

»Thomas«, sagte Jürgen mit brüchiger Stimme, »kennst du mich nicht mehr?«

»Los«, schrie da die Güters, »sag es ihm. Sag ihm, was du mir immer sagst. Sag's ihm!«

»Laß mich in Ruhe«, fing Thomas an. »Du bist nicht mehr mein Bruder. Ich habe eine neue Familie, ich will nichts mehr mit dir zu tun haben. Glaubst du, ich will in dieses Heim zurück? Ich laß mir meine Chancen von dir nicht verbau . . .«

»Wunderbar auswendig gelernt!« sagte Irma. »Frau Güters, Sie können mir nicht erzählen, daß dies Thomas' Gedanken und Worte sind. Sie haben . . .«

»Nichts habe ich! Nichts! Ich habe Thomas nur die Erziehung gegeben, die Sie ihm hier nicht bieten können.«

»Dabei ist aber nicht viel herausgekommen. Was Sie gemacht haben, ist . . .«

»Seien Sie still!« schrie Frau Güters.

»Ich lasse mir in diesem Haus nicht das Wort verbieten. Was Sie gemacht haben, das ist Dressur, nicht Erziehung. Sie haben diesen armen Jungen . . .« Irma suchte nach einem Wort, »Sie haben ihn einer Gehirnwäsche unterzogen; Erziehung ist das nicht.«

»Ich bin gelernte Päda . . .«, rief Frau Güters.

»Pädagogin lernt man nicht, das ist man«, erwiderte Irma.

»Ich werde dem Jugendamt mitteilen, welche Erzieher hier auf die unschuldigen Kinder losgelassen werden.«

»Und ich werde verhindern, daß Sie dieses Kind adoptieren.«

»Thomas«, rief Jürgen in der kurzen Pause, die entstand, »Thomas, nun sag doch endlich was.«

»Laß mich«, sagte Thomas. »Laß mich in Ruhe.«

»Hörst du!« schrie die Güters Jürgen an. »Du sollst deinen kleinen Bruder endlich in Ruhe lassen. Du, du willst dich ja nur interessant machen, und es gibt hier offensichtlich genug Leute, die dir auf den Leim gehen. Du liebst ja deinen Bruder gar nicht, du willst nur . . .«

»So, und woher wissen Sie das?« schrie Jürgen jetzt. »Warum nehmen Sie sich ausgerechnet meinen Bruder? Sie sind doch noch nicht alt! Sie können sich jede Menge Kinder machen lassen, wenn Sie wollen.«

›Oweia!‹ dachte Heinz auf dem ersten Treppenabsatz. ›Mensch, gib's ihr bloß. Die holt sich nur ein Kind aus dem Heim, weil das nicht so weh tut wie ein eignes.‹

»Und Sie lassen zu, daß einer Ihrer Zöglinge mich hier beleidigt? Mich, die ich zwei Kinder unter Schmerzen geboren habe?«

»Na, dann wissen Sie doch, wie man es macht«, sagte Jürgen. »Warum brauchen Sie dann meinen Bruder?«

»Weißt du, wieviel Geld wir schon in deinen Bruder hineingesteckt haben? Weißt du das? Tausende, mein Lieber. Tausende, wenn ich allein die Nachhilfestunden rechne, der Junge war ja der reinste Analphabet, als wir ihn hier rausholten.«

»Deshalb bleibt er doch mein Bruder und ist noch lange nicht Ihr Kind. Thomas, mach endlich die Klappe auf!«

Thomas machte sie auf. »Ich will nach Hause«, sagte er mit tonloser Stimme.

»Gut, wir gehen«, rief die Güters. »Und das eine sage ich Ihnen. Diese Szene wird ein Nachspiel haben. Und das wird Sie Ihre Stelle kosten.«

»Nur weil ich Sie dazu gebracht habe, daß sich zwei Brüder nach Jahren der Trennung wiedersehen, daß Sie endlich Ihr Versprechen einhalten, nämlich den Kontakt der Brüder nicht zu unterbinden?«

»Das habe ich nie versprochen.«

»Sie haben Schwester Mathilde das Versprechen sogar schriftlich gegeben.«

»Schwester Mathilde . . .«

»Jetzt sagen Sie nur, Schwester Mathilde lügt.«

»Schwester Mathilde hat uns erpreßt.«

»Das stimmt nicht, sie hat darauf gedrungen.«

›Mensch‹, sagte sich Heinz, ›wenn die Amsel auf Irma losgeht.‹ Aber es kam nicht dazu. Jürgen hatte ein paarmal geschnieft und die Lippen aufeinandergepreßt, und dann war sein Mund aufgeplatzt zu einem Schrei. So was hatte Heinz noch nicht gesehen und gehört. Den schüttelte es richtig. So heulte Jürgen. Verdammt peinlich, noch dazu vor diesem Miststück!

Irma umarmte Jürgen und tätschelte seinen Kopf.

»Das ist wohl auch Theater?« fragte sie die Güters.

Die öffnete den Mund, dann schwieg sie und schob Thomas hinaus.

Einen Moment lang überlegte Heinz, ob er den beiden nachlaufen sollte und Thomas eine links und rechts um die Ohren . . .

Da sagten sie immer, bloß keine Gewalt, und was war das? War das, was die Schwarze machte, keine Gewalt? Sich einen Jungen kaufen und dann noch angeben und einen anderen damit kaputtmachen?

Heinz kam langsam die Treppe runter und auf die beiden zu.

»Vergiß das Ganze«, sagte Irma zu Jürgen. »Vergiß es.«

Heinz wurde es ganz anders, als er Jürgens Gesicht sah; der war total fertig. Rotz lief ihm aus der Nase, Speichel aus dem Mund. ›Mensch, da kann ich froh sein, daß meine Alten nur mich auf Stapel legten‹, dachte Heinz und schob seine achtzig Kilo auf Jürgen zu.

»Mensch«, sagte er und »verdammt.« Er hatte auch ein Würgen in der Kehle. »Jürgen«, er klopfte ihm auf die Schulter, daß es den gleich durchbeutelte. »Jürgen, laß das. Heulen hat doch keinen Zweck. Mensch, hör auf! Das Wasser brauchst du doch zum Pinkeln, Mann.« Und zu Irma sagte er: »Das ist vielleicht 'ne Schweinerei. Aber mit uns kann man das ja machen. Alles.« Und wieder zu

Jürgen. »Komm, Mensch, brems ab, leg dich trocken, Mann. Komm, Alter, heul dir keine Schrumpfniere an.«

»Bring ihn ins Besuchszimmer«, sagte Irma zu Heinz, »ich hol' aus der Küche Tee und was zum Knabbern.« Aber Jürgen trank dann nur Tee. Und wischte sich das Gesicht mit Papierservietten trocken, die Irma mitgebracht hatte.

»Mann!« sagte Heinz immer wieder und schließlich: »Das war schlimmer als Fernsehen. Mannomann! Die haben genau gewußt, wen sie nehmen. Mit Thomas konnten sie das machen. Die haben gewußt, der spielt mit. Dich haben sie nicht genommen, weil sie aus dir nie so 'n Lackaffen hätten fabrizieren können wie aus Thomas. Haste gesehen, was der für 'n Zeug anhatte? Schäm' tät ich mich, käm' ich so daher. Dauernd wie auf Erstkommunion? Nee, danke.«

»Früher war er . . . nicht so«, Jürgen stotterte vor Schluckauf. Dann sagte er: »Thomas muß wieder zurück, zurück ins Heim.«

»Jürgen, jetzt beruhige dich erst mal, dann sehen wir weiter«, sagte Irma.

»Er muß zurück, ich will meinen Bruder.«

»Zurück?« fragte Heinz. »Willste den noch haben? Glaubst du, der wird wieder so, wie er war? Nie wird der so! Der macht dir dauernd Vorwürfe, wenn er zurück muß. Und spielt den feinen Pinkel, was denkste, was der alles gelernt hat mit Hauslehrer und so? Der bessert dir jedes Wort aus. Nö, Jürgen, nur das nicht.«

»Heinz hat recht«, sagte Irma. »Das wirft nur neue Probleme auf. Das ist keine Lösung. Ihr macht euch beide kaputt.«

Jürgen schwieg lange, dann fragte er Heinz: »Hast du ihr Autokennzeichen gesehen?«

»Nein, ich war ja auf der Treppe. Ich dachte, wenn es mulmig wird, dann nichts wie hoch.«

»Ich muß zu den anderen«, sagte Irma nach einer

Weile. »Heinz, du bist so gut und kümmerst dich ein bißchen um Jürgen?«

»Mach' ich schon«, sagte Heinz, »ist doch klar wie dicke Senfsauce.«

Am Nachmittag ging es Jürgen wieder besser. Er lachte zwar nicht schallend, aber einmal verzog er wenigstens den Mund.

Und am Abend . . .

Am Abend war Jürgen verschwunden.

Aktenauszug Jürgen Limp

Nach einer Auseinandersetzung mit der Pflegemutter seines Bruders Thomas, bei der sich der kleinere Bruder dem größeren gegenüber äußerst ablehnend verhielt, riß Jürgen aus dem Heim aus. Obwohl die Polizei sofort eingeschaltet wurde, blieb Jürgen für mehrere Tage unauffindbar. Er kam nach vier Tagen von allein zurück und machte, auch auf dringendes Zureden hin, keine Angaben über seinen Aufenthaltsort. Die damalige Heimleiterin Irma Spann meinte, er könnte sich nicht im Freien herumgetrieben haben, da Jürgen sauber und auch nicht ausgehungert war.

Auf dem Schulweg war er ein paarmal hingefallen. Glatteis. Die Streuwagen waren unterwegs, aber an einigen Ecken hatte es gekracht. Auch Grünspecht kam verspätet in die Schule. Grünspecht, der immer sagte, es gäbe keine Entschuldigung für Zuspätkommen. Man müsse eben so zeitig von daheim weggehen, daß man auf jeden Fall pünktlich sei. Er sei auch immer pünktlich.

Er hatte einen roten Kopf, als er das Klassenzimmer betrat. Und Henning, der ganz unauffällig auf seine Armbanduhr guckte, kriegte gleich zwei Seiten Schreibarbeit aufgebrummt.

Die Schüler wurden eben immer bestraft. Kamen sie zu spät, sagte Grünspecht, »zwei Seiten, du weißt schon.« Und jetzt war er selbst zu spät gekommen, und Henning mußte schreiben, obwohl er pünktlich gewesen war.

Zu Mittag dann im Heim, beim Essen, saß Irma nicht auf ihrem Platz.

Bernhard sagte: »Regt euch nicht auf, Kinder. Irma hatte einen kleinen Unfall, ihr wißt ja, das Glatteis. Das Krankenhaus hat angerufen, es ist nicht schlimm.«

Jürgen kriegte nichts runter. Er fischte die Nudeln aus der Suppe und ließ sie dann ganz langsam wieder in den Teller zurückgleiten. Seinen Bratklops trat er an Heinz ab, obwohl er Bratklopse sonst gerne mochte.

Bernhard forderte Jürgen zwar zum Essen auf, aber er, der große Zottelbär, aß selber nichts.

Und dann, vor dem Abendessen, kam die Nachricht. Irma würde nie mehr kommen. Sie blieb weg. Sie war tot. Die Kinder saßen da und schwiegen. Einige weinten.

Bernhard war ganz weiß unter seinem Wuschelbart. Er starrte durch seine angelaufenen Brillengläser und wischte seine Hände immer wieder am blauschwarz karierten Hemd.

Jürgen rannte in sein Zimmer und schmiß sich auf sein Bett. Er starrte die Wand mit den Fotos an, die nicht mehr stimmten, weil sie einen ganz anderen Thomas zeigten als den Scheißer, der Thomas jetzt war. Aber damals war Irma zum erstenmal hereingekommen. Konnte das jetzt nicht wieder sein? Irma, die bestimmt so war wie seine Mutter, nur eben jünger.

Davon ließ er sich nicht abbringen, daß seine Mutter viel besser als sein Vater war, viel, viel besser auch als Michels Mutter, die es fertigbrachte, Tag um Tag am Heim vorüberzugehen, ohne ein einziges Mal nach Michel zu fragen.

Seine Mutter würde nie so etwas tun. Das brachte sie gewiß nicht fertig. Nicht seine Mutter . . .

Die nächsten Tage waren qualvoll. Irma fehlte allen. Michel machte das Bett naß und weinte in der Nacht. Und Bernhard wirkte noch immer ganz verloren, als er ins Zimmer kam und zu Jürgen sagte: »Du, die sind schon alle im Bus. Wir können nicht länger auf dich warten, wir müssen zur Beerdigung. Wir kommen sonst zu spät.«

Aber Jürgen drehte sich nicht mal um. »Ich geh' nicht«, sagte er. »Ich geh' nicht zur Beerdigung.«

»Mensch, ich bin ja sonst nicht so, aber du weißt, wie sehr sie dich mochte und was sie alles für dich getan hat, mehr als 'ne bloße Angestellte. Du!« Bernhard druckste, »die hat dich gern gehabt . . . Eine Schaufel Erde wirst du wohl für sie übrig haben.«

Jürgen schüttelte den Kopf. Er stellte sich vor, wie er am Grab heulen würde, und er hatte schon einmal geheult, da war nur Heinz dabeigewesen, und Heinz hatte das auch nie ausgenützt, aber jetzt vor den Kleineren, er als einer der Größten? Nee!

»Es ist die letzte Ehre, die du ihr erweisen kannst«, sagte Bernhard.

»Ich geh' nicht zum Begräbnis von 'ner Fremden!« schrie Jürgen. »Was geht mich das an?«

Da ging Bernhard. Er hatte einen dunklen Anzug an, von dem er weder die Hose noch das Jackett ganz zukriegte. Und die weißen Hemdsärmel guckten meilenweit aus den schwarzen Jackettärmeln heraus. Nur die schwarzen Schuhe und die schwarzen Socken waren neu.

Jürgen war allein. Er dachte, daß er nie mehr jemand finden würde, der ihn so verstand. Er lag da und starrte die Bilder von Thomas an, alle, der Reihe nach.

»Du Schuft«, murmelte Jürgen. »Du Schuft!« Bis ihm klarwurde, daß er gar nicht so sehr Thomas meinte, sondern jemand ganz anderen.

Auf der Suche IV

Es war Zeit, sich an die zweite Semmel zu machen. Herrgott, schmeckte die Wurst! Vielleicht würde er mal Metzger werden. Da konnte man Geld scheffeln. Einen Wagen wie Wenz haben und vielleicht noch mehr Geld als ein Architekt, mehr als Bernhard auf jeden Fall und die anderen Erzieher. Die hatten ja beschissen wenig. Das war es ja, was ihn so ärgerte. Die, die wirklich wichtige Arbeiten machten, die hatten ein paar Bohnen vom Ziegenschiß, die anderen, die streiften die dicken Haufen ein.

Aber warum war er eigentlich hergekommen? Wegen Thomas? Seinem Bruder, dem Lackaffen? Wollte er wirklich noch was mit den Güters zu tun haben? Und Thomas war ein Güters. Wollte er ihnen irgend etwas antun? Was wollte er eigentlich? Nicht einmal seinen Fuß würden die über die Schwelle lassen. Die Tür würde zuknallen in dem Augenblick, da sie ihn erkannten. Und was das Traurige war: Thomas, sein kleiner Bruder, würde die Tür wahrscheinlich als erster zuschmeißen.

Was wollte er hier?

Leute erschrecken? Dämliche Spießer schocken? Huaah, hier bin ich, der große Bruder? Jetzt zahle ich euch heim, was ihr mir angetan habt?

Gut, aber wie? Was traf die? Was tat denen weh, so, wie es ihm weh getan hatte, als Thomas im Wagen der Güters davongebraust war? Und dann noch dieses: »Du willst dich nur interessant machen, dir liegt nichts an deinem Bruder, laß endlich das Getue.«

Nicht dran denken, was für ein Tag das damals gewesen war. Als die Güters mit Thomas kam, diesem gestriegelten Gelackten. Damals hatte er begriffen, daß es Essig mit seinem Bruder war. Daß er seinen Bruder verloren hatte in einem mehrfachen Sinn. Darum war er damals weggerannt, zu Gerti. Und sie hatten Glück gehabt, das heißt, er hatte Glück gehabt. Ihr Vater war schon in Kur, und Gertis Mutter war ihm gerade nachgefahren. In der Wohnung aber hatten sie nicht bleiben können. So waren sie hinaus zur Laubenkolonie gefahren. Und Gerti hatte ein paar Sachen mitgenommen, damit sie genug zu essen hatten.

Die gute Gerti!

Sie hatten hinten auf der Plattform der Tram gestanden, und sie hatte dauernd gefragt: »Du wirst mir doch nichts tun?«

»Was sollte ich dir denn tun?«

»Du weißt schon was. Wirst du es nicht tun, wenn ich nein sage?«

»Selbstverständlich.«

Nein, so war er nicht. Obwohl er es sicher gern getan hätte. Aber sie hatte solche Angst, Angst vor einem Kind. Und er verstand das auch. War vielleicht auch besser so, daß nichts geschah. Nur ein bißchen Händchen halten und nebeneinander liegen und Stirn an Stirn und ein bißchen die Hand auf ihrer Brust.

Und er hatte geredet und geredet. Stunden! Von seinem Bruder und von Irma, und er hatte ihr auch gesagt, daß es nicht stimmte mit dem Vater, der Flugkapitän, und der Mutter, die Stewardeß gewesen sein sollte. Einen Bruder hatte er, einen Bruder, den er gemocht, an dem er gehangen hatte, aber auch der war vor die Hunde gegangen, war ein mieser Lackaffe geworden in einem schicken Anzug.

Sie lagen nebeneinander auf der buckeligen Couch. Von draußen kam der Geruch der Kaninchenställe herein, und auch die Couch roch nach Kaninchen. Aber das war, weil Gerti sich manchmal eins reinholte, ein kleines. Weil sie was zum Streicheln brauchte. Weil jeder was zum Streicheln brauchte. Gerti und er. Und Bernhard. Und Susanne mit ihren wieviel Operationen? Vierzig waren es bereits! Sie bauten ihr eine Nase ins Gesicht. Mensch, kostete das Arbeit! Und was das erst für Geld kostete!

Nicht auszudenken. Für Susanne war es ein Glück, daß sie im Heim war, die wäre sonst nie zu einer Nase gekommen. Und wer weiß, vielleicht war es auch für ihn ein Glück.

Ja, warum stand er überhaupt hier? Vierzig Meter von »Am Wäldchen« Nr. 14 entfernt.

Er öffnete die letzte Limodose und trank sie aus. Wem war er nachgefahren? Am Ende sich selber?

Und wie, wenn er hinüberginge und mit Güters sprach? Ganz cool. So: »Übrigens, damit Sie es wissen, Sie haben ab jetzt Ruhe vor mir. Sie können meinen Bruder behalten. Nehmen Sie sich ihn, und stecken Sie ihn sich an den Hut. Sie können ihn ganz haben, können auch erzählen, daß er Ihr Sohn ist. Selbstgemacht. Ich werde ihm nicht mehr schreiben. Nicht, weil ich ihn fallenlasse, nein, weil er das schon längst mit mir getan hat.« – Der würde meinen Brief ja sonstwohin stecken, nur lesen würde er ihn nicht. Wird ein prima Kerl werden, ihr Thomas, tüchtig und strebsam und wohlerzogen. Und vor allem wird er immer wissen, wo sein Vorteil liegt. Verdammt, solche Leute brauchte die freie Wirtschaft. Ja, das würde er machen. Hinübergehen vor allem. Die sollten wissen, daß er sie ausfindig gemacht hatte. Hinübergehen und sagen, ich will Güters sprechen. Mehr als drei Flaschen konnte der bis jetzt noch nicht getrunken haben. Oder?

Er würde ihnen beweisen, daß er intelligent genug war, ihre Adresse herauszubekommen. »Am Wäldchen« 14, mochte das sein, wo es wollte. Er hatte es herausgekriegt.

Mensch, sagte er, ich muß damit fertig werden. Und ich werde damit nicht fertig, wenn ich nicht hinübergehe und es ihnen sage.

Wenn er es genau überlegte, war er in seinem Leben schon mit einer ganzen Menge fertig geworden.

Er war damit fertig geworden, daß er sich nicht daran erinnerte, wie seine Mutter aussah. Er hatte kein Bild von ihr, das war schlimm. Ein Bild seiner Mutter hätte vieles leichter gemacht. Nur ein Bild. Er wußte nicht, wohin sie verschwunden war. Vielleicht standen sie sich einmal gegenüber, in einer Fischbude, auf dem Kirmesplatz. Er würde Krachmandeln von ihr kaufen oder eine Packung Zigaretten. Und sie beide würden voneinander nichts wissen. Damit hatte er sich abgefunden und auch damit, daß es mit Vater nichts war. Den Vater, den er hatte, den konnte er vergessen. Der war abgehauen und hatte sich nicht mehr gemeldet, sollte jetzt auch wieder verheiratet sein, vielleicht mit Martha oder mit irgendeiner anderen. Verheiratet mit einem breiten Hintern. Ihm konnte es egal sein. Vollkommen egal. War sogar besser so. Er brauchte am Sonnabend nicht zu warten. Er erlebte keine Enttäuschungen mehr.

Nun, und dann war Thomas gegangen und war den anderen wer weiß wo hineingekrochen, weil es da warm war. Und dann hatte Thomas brav seine Sprüche gelernt. Wie sie ihm die Güters vorgekaut hatte. – »Ich will mit dir nichts mehr zu tun haben.« – Gut, er, Jürgen, wurde damit fertig, er selbst hätte das nie gesagt. Sollte sein Bruder zusehen, wie *er* damit fertig wurde. Ein Bruder, was war das eigentlich? Bedeutete das was? Konnte man sich einen Bruder nicht auch irgendwo aussuchen? Wenn er einmal einen traf, der ihm gefiel? Vielleicht fand er mal einen Freund. Einen, der genau für ihn richtig war. Das gab's doch, das hatte es gegeben, und warum sollte es so etwas nicht wieder geben? Ein Freund für den starken Gegenwind, ein Freund für die eiskalten Tage, ein Freund für die stockdunkle Nacht. Er würde hinübergehen. Schritt für Schritt. Und klingeln.

›Irma‹, dachte er. Es wäre gut gewesen, mit ihr noch einige Jahre zusammenzubleiben. Sie hatte ihn verstanden. Und er hatte sich vor ihr nicht geschämt, weil sie ihn durchschaut hatte. Die hatte was los. Die kannte seine Gefühle. Er mußte gar nichts sagen. Das war zwar manchmal nicht ganz angenehm, aber sie hatte es nie ausgenützt. Sie hatte nie gesagt: »Mach mir nichts vor. Ich weiß alles.« Und Bernhard! Er war mit roten Augen vom

Begräbnis gekommen. Und irgendwie schien er ihn verstanden zu haben. »Mann«, hatte Bernhard gesagt, »ich hätte es ja ausgehalten, wenn nur der Pastor gesprochen hätte. Als aber die Kinder sangen und als die Stimmen immer dünner wurden und als keiner weiterkonnte, da wußte ich, wie die Kinder sie geliebt haben . . .«

Er, Jürgen, hätte auf dem Friedhof keinen Ton hervorgebracht. Keinen einzigen.

Und jetzt überquerte er die Straße, die »Am Wäldchen« hieß, und klingelte bei Haus Nummer vierzehn. Das Gartentürchen sprang auf, und Jürgen ging zum Haus. Er stellte sich nicht dicht vor die Tür, um niemanden zu erschrecken, nein, er blieb zwei, drei Meter vor der Tür entfernt stehen. Die Vertreter sollten das so machen, hatte er irgendwo gelesen. Nicht gleich den Fuß zwischen Tür und Türstock stellen, sondern möglichst weite Distanz.

Die Tür sprang auf, und Güters Stimme sagte: »Komm rein, Hugo.«

Jürgen konnte sehen, daß Güters schon wieder zurückwatschelte.

»Ich bin nicht Hugo«, sagte er.

Da riß es Güters herum, mit einer Geschwindigkeit, die man ihm gar nicht zugetraut hätte. Er wurde rot, als er Jürgen erkannte, und stotterte: »Das ist doch . . . das bist doch . . . ich meine, das bist doch du, nicht wahr?«

»Ja, ich bin's, Jürgen.«

Und vielleicht hätte er jetzt etwas schneller sein sollen und sagen, daß er nichts Böses vorhabe, daß Güters Thomas behalten könne.

Aber da rief Güters schon seine Frau, und seine Frau kam und schrie auf, als sie Jürgen sah, und rannte wieder zurück, dann kamen die Töchter und gafften.

Nur Thomas kam nicht.

»Ich will gar nichts von Ihnen«, sagte Jürgen jetzt. »Sie sollen nur wissen, daß ich Ihre Adresse kenne. Aber ich werd' nicht mehr kommen. Sie können meinen Bruder behalten. Werden Sie glücklich mit ihm.«

»Ach so«, sagte Güters, »deswegen kommst du. Hast die Sache wohl überwunden, wie? Ja . . . Moment mal, Liane! Liane!« Güters schrie verzweifelt. »Liane, komm sofort!«

Liane kam nicht.

»Na, dann . . .«, sagte Güters. »Ich dachte zunächst, es wäre Hugo. Wir spielen Schach, verstehst du? Ja, ich werd' es meiner Frau sagen. Dein Bruder? Willst du nicht . . .? Nur kurz . . .?«

»Nein, danke, behalten Sie ihn.«

Jürgen ging. Er hatte eben das Gartentürchen zugeworfen, da hörte er das Signalhorn eines Polizeiautos. Das Geräusch kam schnell näher. Er begann zu laufen. Gleich links um die nächste Ecke und hinauf in den Wald.

Irgendwo zog jemand Jalousien hoch. In einem Vorgarten wurde es hell. Weiter unten kläffte ganz tief ein Hund. Wahrscheinlich die Dogge von Güters' Nachbarn.

Als er den Waldsaum erreichte, bog unten der Wagen mit dem Blaulicht um die Ecke. Jürgen rannte in den Wald hinein, stolperte über einen Ast, plumpste in einen Graben mit gurgelndem Wasser und humpelte weiter. Eine Weile noch riß das Licht helle, blaue Fetzen aus der Nacht, signalisierte Gefahr, dann waren die Stämme so dicht vor und um ihn, daß er das Licht nicht mehr sah. Nicht einmal der Schein der Straßenbeleuchtung schimmerte durch die Zweige. Eine dichte Wand war hinter ihm.

Er rannte weiter. Äste knackten unter seinen Schritten. Aus einer Buschgruppe sprangen vier Rehe auf und stoben davon. Jürgen fiel hin und stand wieder auf. Und irgendwo, lange bevor er zur stark befahrenen Überlandstraße kam, hörte er die Lastwagen dröhnen. Das beruhigte ihn. Er ging langsamer. Irgendeiner würde ihn vielleicht mitnehmen. Den weiten Weg zurück.

Ins Heim.

PAULA FOX

Catherine freut sich darauf, den Sommer mit ihrem Vater zu verbringen. Sie hat ihn, seit sich die Eltern getrennt haben, nicht sehr oft gesehen. Catherine trifft sich mit ihm in Neu-Schottland, wo für sie ein außergewöhnlicher Sommer beginnt.
Harry Ames ist elegant, poetisch und versucht das Leben von der lockeren Seite zu nehmen. Aber sie merkt schnell, daß er nicht der Lebenskünstler ist, der er vorgibt zu sein. Die Schattenseiten des Lebens holen ihn immer wieder ein, und er flüchtet in den Alkohol. Doch Catherine hält zu ihm, und sie lernt, daß man nichts im Leben als sicher und selbstverständlich ansehen kann, und gerade das wird für Catherine von besonderer Bedeutung.

Ausführliche Informationen zu den Titeln der BENZIGER EDITION erhalten Sie in Ihrer Buchhandlung oder direkt beim Verlag, Postfach 5169, 8700 Würzburg.

Paula Fox
Der Schattentänzer
168 Seiten. JR

BENZIGER EDITION
IM ARENA-VERLAG